西方英语系大国杰出公司企业文化研究系列

澳大利亚杰出公司企业文化研究

李文明　高明作　赵悦　著

科学出版社

北　京

内 容 简 介

　　本书是"西方英语系大国杰出公司企业文化研究系列"当中的第六部。本书主要研究位列世界五百强排行榜的七家澳大利亚杰出企业——必和必拓公司、西农公司、伍尔沃斯公司、澳洲联邦银行、西太平洋银行、澳新银行集团和澳大利亚电信公司，分类解读这些公司的企业使命、企业愿景、企业宗旨、企业价值观、企业理念、企业经营原则、企业战略、企业管理、企业行为准则和行为文化，以及部分企业家的经营管理思想，并且将这些内容与加拿大、美国和英国 27 家杰出公司进行对比。本书系统介绍和全面解读这些杰出公司的企业文化与企业管理经验，并从中梳理出可以为中国企业借鉴的理念与方法。

　　本书适合企业家和企业高管，以及企业管理专业的研究生、工商管理硕士和高级管理人员工商管理硕士参考阅读。

图书在版编目（CIP）数据

澳大利亚杰出公司企业文化研究 / 李文明，高明作，赵悦著. —北京：科学出版社，2019.6

（西方英语系大国杰出公司企业文化研究系列）

ISBN 978-7-03-061639-5

Ⅰ. ①澳… Ⅱ. ①李… ②高… ③赵… Ⅲ. ①企业文化-文化研究-澳大利亚 Ⅳ. ①F279.611.3

中国版本图书馆 CIP 数据核字（2019）第 114326 号

责任编辑：魏如萍 / 责任校对：王丹妮
责任印制：张　伟 / 封面设计：无极书装

科 学 出 版 社 出版
北京东黄城根北街 16 号
邮政编码：100717
http://www.sciencep.com

北京厚诚则铭印刷科技有限公司 印刷
科学出版社发行　各地新华书店经销

*

2019 年 6 月第　一　版　开本：720×1000　B5
2020 年 10 月第三次印刷　印张：8 1/4
字数：162 000

定价：**66.00 元**

（如有印装质量问题，我社负责调换）

前　　言

本书是"西方英语系大国杰出公司企业文化研究系列"的一部，是针对这个系列所规划的第六本书。在它之前已经完成并由科学出版社出版的五本书分别是《4S 企业文化与 7P 绩效管理及其互动影响研究》、《美国杰出公司企业文化研究》、《企业文化与商业模式研究——对话美国中小企业家》、《英国杰出公司企业文化研究》和《加拿大杰出公司企业文化研究——基于加美英企业的比较》。

研究西方英语系大国杰出公司企业文化的原因首先在于企业文化本身非常重要，关于这一点，在青岛宝博集团公司内部认识非常深刻，也正是在企业文化的大力促动下，公司实现了稳扎稳打的发展，逐渐成为行业当中的领先企业。

其次，西方英语系主要大国的杰出公司在企业文化管理方面颇有建树，它们设计了众多的企业文化内容，并让它们发挥了支持和支撑企业发展的重要作用，即便在"互联网+"、智能制造、商业模式不断变革的今天，这些内容也依然适用。

从总体上看，可以把"西方英语系大国杰出公司企业文化研究系列"分成三个类别：

第一个类别是理论框架研究，研究的目标是通过梳理文献，访谈学者，与企业家交流，从而创建"4S 企业文化分析框架"，然后以此为基础，再展开后续的实证性研究。针对这一部分的研究成果就是《4S 企业文化与 7P 绩效管理及其互动影响研究》。

第二个类别是基于企业调研和资料收集研究澳加美英四国共 34 家杰出公司的企业文化与企业管理经验，并在此基础上形成四部书，这四部书当中的前三部已经出版，它们分别是《美国杰出公司企业文化研究》、《英国杰出公司企业文化研究》和《加拿大杰出公司企业文化研究——基于加美英企业的比较》，第四部书就是《澳大利亚杰出公司企业文化研究》。

第三个类别是基于企业家访谈和案例剖析研究澳加美英四国共 28 家优秀中小企业的企业文化及其商业模式，计划每个国家选择七家企业，并写作四部书，它们分别是《企业文化与商业模式研究——对话美国中小企业家》、《英国中小企业企业文化与商业模式研究》、《加拿大中小企业企业文化与商业模式研究》和《澳大利亚中小企业企业文化与商业模式研究》。为了写作第一部书，作者到美国进行了为期一年的实地调研，目前此书已顺利出版。针对澳加英三国中小企业的研究正在规划当中。

作为第一个类别的研究成果，《4S 企业文化与 7P 绩效管理及其互动影响研究》建立了整个研究系列的理论分析框架。

作为第二个类别的研究成果之一，在《美国杰出公司企业文化研究》当中，作者介绍和解读了十家美国杰出公司的企业文化，尤其是它们的"精神文化"及其所包括的具体内容和中国企业可以学习和借鉴的地方。这十家美国公司分别是埃克森美孚石油公司（Exxon Mobil Corporation）、雪佛龙公司（Chevron Corporation）、威瑞森电信公司（Verizon）、JP 摩根大通集团（JP Morgan Chase & Co）、美国银行（Bank of America）、马拉松原油（Marathon Oil）、波音公司（The Boing Company）、花旗集团（Citi Group）、富国银行（Wells Fargo）和宝洁公司（Procter & Gamble，PG），它们分属于石油、金融、电信、航空航天和零售行业。

作为第二个类别的研究成果之二，在《英国杰出公司企业文化研究》当中，作者介绍和解读了十家英国杰出公司的企业文化，并且同样重点研究了这十家公司的精神文化六要素，以及它们的行为准则与行为文化和企业家们的经营管理思想及其对于中国企业的启发和借鉴。这十家英国公司分别是英国石油公司（BP）、乐购公司（TESCO）、汇丰银行控股公司（HSBC Bank）、联合利华（Unilever）、南苏格兰电力（Scottish & Southern Energy）、英国森特理克集团（Centrica PLC）、力拓集团（Rio Tinto Group）、苏格兰皇家银行集团（The Royal Bank of Scotland Group PLC）、金巴斯集团（Compass Group）和 BAE 系统公司（BAE Systems PLC），它们分属于七个不同的行业，即石油化工、商购、银行金融、能源动力、资源开发、餐饮服务和军事工业。

作为第二个研究类别的成果之三，在《加拿大杰出公司企业文化研究——基于加美英企业的比较》当中，作者选择了七家加拿大杰出公司，并有针对性地研究了它们的企业使命、企业宗旨、企业愿景、企业价值观、企业理念、企业行为准则和行为文化、企业家的管理思想、企业管理的独特做法等，研究的目标同样是从这些杰出公司的企业文化管理经验当中梳理可以为中国企业借鉴的内容和方法。这七家企业分别是加拿大乔治威斯顿公司（George Weston Ltd）、加拿大鲍尔集团（Power Corporation of Canada）、加拿大皇家银行（Royal Bank of Canada）、Couche-Tard 公司（Alimentation Couche-Tard）、森科能源公司（Suncor Energy Inc）、麦格纳国际（Magna International）和 Enbridge 公司（Enbridge Inc），它们分属于餐饮、投资、金融、零售、能源、汽车、运输等行业。

作为第二个研究类别的成果之四，在本书当中，作者选择了七家澳大利亚的杰出公司作为研究目标，它们分别是必和必拓公司（BHP Billiton）、西农公司（Wesfarmers）、伍尔沃斯公司（Woolworths）、澳洲联邦银行（Commonwealth Bank）、西太平洋银行（Westpac）、澳新银行集团（ANZ Bank）和澳大利亚电信公司（Telstra）。研究内容是分类解读这些公司的企业使命、企业愿景、企业宗旨、企业价值观、企业理念、企业经营原则、企业战略、企业管理、企业行为准则和行为文化以及部分企业家的经营管理思想，并且将这些内容与加拿大、美国和英国27家杰出公司进行对比。

本书共分为8章，各章主要内容如下：

第1章，必和必拓公司的企业文化与企业管理。1.1节介绍必和必拓公司的基本情况及其成长历程。1.2节重点分析必和必拓公司的企业宗旨与企业价值观，必和必拓公司的企业宗旨当中还包含着这家公司的企业使命和企业愿景；其企业价值观包括六个方面的要素，它们分别是可持续、守诚信、尊重、高绩效、精简化和问责制，这样的价值观描述方式有别于中国企业，同时也有值得中国企业借鉴的地方。1.3节解读公司首席执行官安德鲁·麦肯齐先生的两个致辞，其中第一个致辞反映了他对于执行公司行为准则的态度，以及由此反映出他对公司企业行为文化以至整体企业文化的重视。第二个致辞表达的是他对于可持续发展作为企业第一价值观的看法和要求，同时借助这个致辞也可以帮助读者全面了解西方英语系大国杰出公司在可持续发展方面的系统认识和企业在现实生活当中的具体做法。1.4节重点研究必和必拓公司的企业战略，其企业战略首先在形式上不同于中国企业的描述方式，其次在内容上也有别于中国企业的界定范畴。1.5节全面介绍必和必拓公司的企业管理及其四个方面的主要内容，这四个方面的内容分别是对领导者的要求、对员工的要求、对诚信的坚持和对政策的坚守。

第2章，西农公司的企业文化与企业管理。2.1节主要介绍西农公司的基本情况，并展示其多元化发展的战略布局。2.2节主要介绍西农公司的企业宗旨，它的企业宗旨描述没有常规性地界定如何处理与相关利益者的关系，而是在给出明确的如何处理企业与股东、企业与客户、企业与员工、企业与供应商、企业与政府关系的具体做法过程当中突出了正确处理与这些相关利益者关系的重要性及其理念设计。2.3节主要介绍西农公司的四个企业价值观，即正直、开放、问责和大胆，并将之与必和必拓公司的六个企业价值观进行比较。2.4节主要介绍西农公司的十条企业原则，这十条原则分为六个方面，是对西农公司企业宗旨和企业价值观的强化与细化。2.5节重点解读西农公司的可持续发展理念及其具体的做法。2.6节主要介绍西农公司在员工发展与员工管理方面的见解与措施，如重视员工的诉求，重视给予员工支持，重视员工可能获得的实实在在的利益和收益，重视员工培训，重视员工技能的提升，重视员工的多样性，重视员工的可持续发展，等等。

第 3 章，伍尔沃斯公司的企业文化与企业管理。3.1 节主要介绍伍尔沃斯公司的一些基础情况及其企业愿景，针对其企业愿景重点要解读的是其设计风格，并将之与三家美国杰出公司、三家英国杰出公司和三家中国企业进行对比。3.2 节主要介绍伍尔沃斯公司的企业宗旨，其企业宗旨采用了传统的设计方式，即强调要处理好与五种相关利益者的关系，这五种相关利益者是指供应商、消费者、员工、股东和社区。3.3 节主要介绍伍尔沃斯公司的企业价值观及其与中国企业在这个方面的比较，重点推荐一种企业价值观的设计方式。3.4 节主要介绍伍尔沃斯公司应对时代及变化的战略与策略，其中蕴含着优秀企业能够不断成长和可以持续成功的重要因素。3.5 节主要介绍伍尔沃斯公司的企业管理，其企业管理的特点是非常规范，而确保企业规范运行靠的是一系列的政策，这些政策的集合类同于中国企业所看重的管理制度汇编。一个中国企业如果没有一个像样的管理制度汇编，则说明它的管理是不够规范的。3.6 节主要介绍伍尔沃斯公司的员工管理，重点介绍其在多样性、培训和学习等方面所坚持的指导思想及其所采用的具体措施。3.7 节主要介绍伍尔沃斯公司的企业责任。

第 4 章，澳洲联邦银行的企业文化与企业管理。4.1 节主要介绍澳洲联邦银行的基本情况、企业愿景和企业战略，其中，企业战略是对其企业愿景的补充。4.2 节主要介绍澳洲联邦银行的企业价值观，其企业价值观主要包括五个方面的内容，即诚信、协作、卓越、问责和服务。这些企业价值观既反映了澳洲联邦银行的行业特点，也反映了其在发展过程当中对员工的要求和对企业未来走向的诉求。4.3 节主要介绍澳洲联邦银行的员工管理理念与员工管理方法。在员工管理理念方面，澳洲联邦银行将其与企业愿景进行对接，以隆显其重要；在员工管理方法方面，澳洲联邦银行特别重视借助"员工与文化"调查活动以贴近和了解员工，特别强调对员工的培训与培养，并制定了很多其他方面的措施，如重视多样性，重视灵活性，重视员工的福利，重视领导力开发等。4.4 节主要介绍澳洲联邦银行的多样性与包容性理念，其多样性管理工作可以概括为：强调一个理念、强化一个组织和重视三个战略。一个理念是"我们让背景不同、经历各异及观点迥异的人各展所长"，一个组织是"多样化委员会"，三个战略分别是"管理者多样性"、"工作模式灵活多样"和"尊重与包容"。4.5 节主要介绍澳洲联邦银行董事会主席戴维·特纳在 2015 年的一个致辞，从中也可以看出这家银行对世界经济形势的关切以及对其企业文化的持续关注。

第 5 章，西太平洋银行的企业文化与企业管理。5.1 节主要介绍西太平洋银行的基本情况、世界排名的变化及其组织构成和业务领域。5.2 节重点分析西太平洋银行的企业愿景与企业价值观以及两者之间的关系。5.3 节借助西太平洋银行首席执行官关于可持续发展的致辞解读其企业原则，并进一步说明西太平洋银行的企业宗旨及其在处理与客户、社区、员工和投资者关系时所坚持的态度。
5.4 节主要介绍西太平洋银行的企业战略及其发展重点，其企业战略是旨在通过
为股东提供更高的回报实现企业愿景，建立深厚而持久的客户关系，成为社区带
头人，成为最优秀员工梦寐以求的工作之地。其企业战略发展重点一共包括五个
方面的内容，即绩效管理、服务至上、数字化改革、定向增长和劳动力变革。
5.5 节主要介绍西太平洋银行在企业管理方面的相关做法，共涉及八个方面的内
容。5.6 节全面介绍西太平洋银行针对《行为准则》提出的要求及其具体内容，
这些内容主要包括：诚实诚信行事；遵守法律与政策；客户是对的；尊重机密，
不滥用信息；重视并保持专业精神；精诚协作；负责任地管理利益冲突。

　　第 6 章，澳新银行集团的企业文化与企业管理。6.1 节介绍澳新银行集团的
基本情况及其在世界排名当中的变化。6.2 节介绍澳新银行集团的企业价值观，
其企业价值观包括五个方面的内容，即正直诚信、精诚合作、问责自己、尊重顾
客和追求卓越。6.3 节介绍澳新银行集团的员工理念及其在处理与员工关系时所
重点关注的四个方面内容，如员工参与、工作条件、结社自由、歧视事件等。
6.4 节介绍澳新银行集团的员工培训与发展，其员工培训工作分为正式培训与非
正式培训两个方面，同时又各包含四个方面的重点。6.5 节全面介绍澳新银行集
团的多样性与包容性理念及其为此所采取的具体措施，这些措施包括力求性别平
衡、支持文化多样性、重视少数族群、坚持无障碍性、尊重所有的性取向和采取
弹性工作方式。

　　第 7 章，澳大利亚电信公司的企业文化与企业管理。7.1 节介绍澳大利亚电
信公司的基本情况及其内含的一些经营信息。7.2 节介绍澳大利亚电信公司的企
业使命，即"为每个人创造辉煌灿烂、相互联结的未来"，并分析这其中内含的
三个关键性描述，借助这三个关键性的描述，澳大利亚电信公司为自己清晰地勾
画出了企业发展的定位与方向。7.3 节解读澳大利亚电信公司的企业价值观。
7.4 节解读澳大利亚电信公司董事会主席凯瑟琳·利文斯顿和首席执行官安德
鲁·佩恩的一个联会致辞。7.5 节介绍联合国全球契约的十项原则。

　　第 8 章，澳加美英四国企业精神文化比较。8.1 节借助表格的形式对比分析
了澳加美英四国企业精神文化的整体情况。8.2 节比较分析了澳加美英四国杰出
公司的企业使命。在这一节当中，首先对比分析了澳大利亚、加拿大、美国和英
国杰出公司在企业使命设计上的差距，然后又以表格的形式全面展示了这四个国
家杰出公司企业使命的具体内容。8.3 节比较分析了澳加美英四国杰出公司的企
业愿景。在这一节当中，首先介绍了四个国家的企业对企业愿景的关注情况，然
后又详细展示了其具体内容。8.4 节比较分析了澳加美英四国杰出公司的企业宗
旨。在这一节当中，首先介绍了四个国家杰出公司的企业宗旨的整体情况，然后
对四个国家杰出公司企业宗旨进行了全面展示。8.5 节比较分析了澳加美英四国

杰出公司的企业价值观。企业价值观是四个国家之杰出公司最为关注的一个精神文化要素，而这一节的主要目标就是要全面展示这些杰出公司企业价值观的内容，以为中国企业参考。8.6节比较分析了澳加美英四国杰出公司的企业理念。企业理念是四个国家之杰出公司普遍关注的又一个精神文化要素，内容十分丰富。

本书的目的和价值就在于深入揭示澳大利亚杰出公司企业文化的构成和特点及其企业管理关注的重点，以帮助中国企业家分析它们的企业文化和企业管理与我国企业的企业文化和企业管理之间相同点和不同点的具体细节，从而为中国企业更好地开展企业文化与企业管理工作提供应用性参考。

此外，借助本书还希望传达这样一个信息：无论是大型企业还是中小型企业都可以把"成就一个伟大的公司"作为自己的奋斗目标。而要实现这个目标就必须强化企业文化在企业管理过程当中的作用，从思想认识上解决企业发展的动力和方向问题。

本书的研究特点在于以下七个方面：

（1）注重实用性和可操作性。作为"西方英语系大国杰出公司企业文化研究系列"成果之一，本书直接使用了同一系列的《4S企业文化与7P绩效管理及其互动影响研究》当中建构的"4S企业文化分析框架"。在基于这个框架研究七家澳大利亚杰出公司时，本书只专注于挖掘案例企业的企业文化和企业管理方面的应用价值和成熟经验，以为中国企业提供实用性和可操作性的参考，而没有过多地进行理论上的探讨与分析。

（2）注重客观性和真实性。本书的研究过程中所使用的资料都是作者在国外收集到的相关信息，这些信息直接取自案例企业，而没有参考任何方面的二手资料。

（3）突出研究的重点和层次性。在本书当中重点要研究的是七家澳大利亚杰出公司的企业文化，然后才是这些公司在企业管理方面的一些独到做法。

（4）注重比较研究。本书与《加拿大杰出公司企业文化研究——基于加美英企业的比较》、《美国杰出公司企业文化研究》和《英国杰出公司企业文化研究》同属"西方英语系大国杰出公司企业文化研究系列"第二个类别的内容，都是针对英语系国家杰出公司企业文化和企业管理所做出的解读。针对这四部书的研究，作者采用了相同的研究框架，而且这四个国家的杰出公司在设计其企业文化的内容时也有很多相通的地方，所以本书在研究的过程当中还加入了各国企业之间的比较。通过这种比较可以方便读者了解和把握它们之间在企业使命、企业宗旨、企业愿景、企业价值观、企业理念和行为文化等各个方面的相同与不同之处，可以更方便读者有选择性地借鉴这四个国家杰出公司在企业文化和企业管理方面集中关注的经验与做法。

（5）注重理解和解读。虽然本书是基于所收集到的七家澳大利亚杰出公司关于企业文化管理方面的英文资料而进行的研究，但却不是以翻译为目的，而是以解读为目标。在对这七家杰出公司的企业文化和企业管理进行解读的过程当中，融入了大量的作者关于企业文化、企业战略、团队管理、员工管理等方面的个人见解。

（6）注重中国化。在本书的研究过程当中，非常注重将西方英语系主要大国杰出公司的企业文化内容使用中国企业家和中国企业管理人员所熟悉的语言范式进行解读。

（7）注重可读性。虽然本书适合企业管理方面的专业研究生和工商管理硕士生阅读，但是其定位的目标群体主要还是企业家及企业高管，所以它不是教科书，通俗易读是它的特色之一。

目　　录

第1章　必和必拓公司的企业文化与企业管理[①]

本章要研究的是澳大利亚的必和必拓公司（以下简称必和必拓），这是一家拥有一百六十多年发展历史的老牌企业，在世界矿业行业当中占有举足轻重的地位，与中国钢铁企业的关系十分密切。

1.1　必和必拓的企业情况介绍

必和必拓曾经是澳大利亚最大的企业，2014年世界排名第142位，国内排名第一；2015年前进了三名，世界排名第139位，国内排名第一，当年的营业收入超过672亿美元，利润收入超过138亿美元；2016年底，它的世界排名有了大幅度的提升，排名第50位，比2015年足足前进了89名。但是，它的同胞企业联邦银行的进步更大，排名比它还要靠前，排名世界第47位，成为2016年澳大利亚最大的企业，而必和必拓则屈居第二。进入2017年，它的世界排名又大幅度下降，降到第124位，国内排名则落至第五位，排在前四位的同胞企业都是银行，由此可以看出澳大利亚近几年的经济也在转型，不再如以前一样单纯地重视矿业和农业发展，而开始转向金融产业。

必和必拓最初并不是一家企业，而是两个很小的公司，其中一个叫作必和（Billiton），另外一个叫作必拓（BHP），两家公司合并到一起，就成了必和必拓。从两个公司合并之日起，公司就十分珍视历史的传承。如此，起家于19世纪中叶的两个小采矿公司，经过多年的打拼，如今已发展成为多元化资源行业的世界领导者。

必和公司始建于澳大利亚布罗肯希尔市，那里富产银矿、铅矿和锌矿。公司

---

① 资料来源：https://www.bhpbilliton.com/。

注册成立的时间是 1885 年，最早主要从事铁矿石、铜、石油、天然气、钻石、银、铅、锌等多种自然资源的探索、开发、生产和销售，公司的增值扁钢产品也做得风生水起。

必拓的发展历史更早，可以追溯至 1851 年印度尼西亚一个鲜为人知的小岛——必拓岛（又称拓岛），岛上有一座锡矿山，必拓公司就是从那里起家的。与必和合并成为的必和必拓现在已成为金属和采矿业的全球领跑者，并成为铝、氧化铝、铬、锰矿石、合金、动力煤、镍和钛等矿物的重要生产商，还开发了一个大型的铜组合项目。

了解了必和必拓的起源及其发展的历史，读者便可以十分清楚地认识必和必拓是一家什么样的企业，它在经营什么、追求什么，以及有什么样的特点。如果对以上资料做进一步梳理，可以提炼出如下几个结论。

（1）这家公司是由两个企业合并而成的，公司名字也因此而得。

（2）这家公司的成立时间自较早的必拓公司的历史算起，始于 1851 年，发展到今天已经有 160 多年的历史。而澳大利亚独立的时间为 1901 年，由此可以看出，该企业比其国家的历史还要长。

（3）这家公司是一家典型的矿业企业，它的行业优势、领导地位非常明显，同时根据其 2014~2017 年的世界排名变化可以看出，公司所在的行业对世界经济发展具有重大影响的同时，也深受世界经济转型变化的影响。

（4）这是一家重视历史的企业，其非常深厚的历史沉淀为今天的发展打下了坚实的基础。

1.2　必和必拓的企业宗旨与企业价值观及其解读

1.2.1　必和必拓的企业宗旨及其解读

虽然一个公司的企业文化首先应该说明的是企业使命和企业愿景，但是西方国家的很多企业往往最先强调的是其企业宗旨和企业价值观，以下为必和必拓对于其企业宗旨进行的说明：必和必拓是全球首屈一指的资源公司，公司要通过探索、收购、开发和销售自然资源等方式不断地为股东创造长远效益。

如果深度解读其企业宗旨可以看出，它实质上内含着必和必拓的企业使命和企业愿景：首先描述了这是一个什么样的企业——全球首屈一指的资源公司；然后描述了这家公司的发展目标和方向——要通过探索、收购、开发和销售自然资源等方式不断地为股东创造长远效益。

单纯从企业宗旨的角度看待这个描述，它是很不完备的，因为通常而言，一个公司的企业宗旨要回答的是六个方面的关系，即企业与员工、企业与股东、企业与客户、企业与供应商、企业与社会、企业与环境，或者至少是这六种关系当中的几种，而必和必拓的企业宗旨事实上只回答了企业与股东这一个方面的关系。

为了弥补以上不足，必和必拓又做了如下说明：

必和必拓是世界上最大的大宗商品生产商之一，产品包括铁矿石、冶金煤、铜和铀，在石油、天然气和能源煤方面的地位也举足轻重。

多样性的投资组合是必和必拓的重要特色，而其之所以从同行中脱颖而出是因为其拥有素质精良的员工、雄厚的资产基础和持久不变的战略——拥有并经营大规模、长效性、低成本、可扩张的上游资产，而商品、地理、市场使资产更为多样化，这造就了必和必拓的不同凡响。

必和必拓员工从不随意散漫，每天都在力保所有资产安全运营，并不断确认自己将为下一代必和必拓领导人留下怎样的资源。

公司战略以拥有和经营多样性的资产为基础，这种多样性是由差异化的产品、不同的地理位置和不同的市场形成的。为实现此战略，必和必拓还需要多样性的劳动力群体，包括性别、技能、经验及种族的差异。

以上这一补充性的说明内容十分丰富，而且具有典型的西方国家杰出公司在阐述自己企业文化时所具备的特点，既带有理想主义的色彩，又强调务实的做法和作风。针对其内容进行分析可以看出，其重点在于应该如何处理与员工的关系，如何处理与客户的关系，以及如何处理与环境、社区和社会的关系。

1）如何处理与员工的关系

为了充分表达企业宗旨的内容，这一补充性说明强调了必和必拓对员工的看法，设定了处理与员工关系的原则，其核心要点包括以下四个方面。

员工要优秀，优秀的员工是企业发展的基础和前提，"公司之所以从同行中脱颖而出是因为必和必拓拥有素质精良的员工"。

员工要多元，有了多样性的员工才能成就多元化的企业。

尊重员工是处理好与员工关系的关键，"公司欣然接受开放、信任、团队合作、多样性和互利的关系，这体现了必和必拓的'尊重'这一核心价值观，这也是员工战略的重点"。

企业要包容员工，包容员工的企业可以得到员工的拥护和爱戴，"必和必拓努力的目标是有海纳百川的胸怀，让每一位员工自豪而忠诚"。

2）如何处理与客户的关系

企业如何处理与股东的关系非常重要，如何处理与员工的关系非常重要，如何处理与客户的关系也非常重要，这三点内容必须同时出现在企业宗旨的描述当中，如此才能保证一个公司所设定的企业宗旨的完整性。

如何看待自己的客户呢？必和必拓在补充说明当中是这样界定的："必和必拓的投资组合具有无与伦比的高品质发展机遇，这将确保公司可以持续满足客户不断变化的需求，满足新兴经济体在每个发展阶段的不同资源需求。"

这样的描述意在不空谈如何处理与客户的关系，而是重点谈能够为客户提供什么样的产品与服务，其重点还是在表达对客户的尊重与重视。

3）如何处理与环境、社区和社会的关系

如何处理与股东、员工、客户的关系是常规性的关于企业宗旨的描述，往往是必不可少的内容。除此之外，优秀的企业通常还会在企业宗旨当中阐述自己所承担的社会责任，也就是要说明应该如何处理与环境、社区和社会的关系，对此，必和必拓的描述是"必和必拓将员工、环境和所在社区的健康与安全视为头等大事。业务的长期性使公司能够与东道国社区长期敦睦友好，员工们共同努力、积极贡献，使公司周边的邻居以及更广泛的社会群体的生活更上一层楼"。

1.2.2　必和必拓的企业价值观及其解读

补充说明除了强化必和必拓的企业宗旨以外，还谈到了企业发展的战略和企业发展的方向，以及企业对安全、多样性、差异化和价值观的重视。其中，关于必和必拓的企业价值观，还有更为直接的描述，其内容如下：必和必拓承诺全球业务都将依循必和必拓公司章程中的可持续（sustainability）、守诚信（integrity）、尊重（respect）、高绩效（performance）、精简化（simplicity）和问责制（accountability）的价值观来运行。

分析这句话可以看出，必和必拓坚持的企业价值观一共有六个方面的内容，针对这六个方面的内容，必和必拓做了进一步阐述。

（1）可持续。

公司认为健康和安全至上，企业要对环境负责任，并要全力支持社区发展。

（2）守诚信。

公司认为所有员工都要做正确之事，而且要做到：言必信，行必果。

（3）尊重。

公司欣然接受开放、信任、团队合作、多样性和互利的关系。

（4）高绩效。

公司认为，重视绩效就是通过不断提高能力来实现硕果累累的目标。

（5）精简化。

所谓精简化，公司认为最主要的是专注于重中之重。

（6）问责制。

公司要在各个方面确定职责，并要求全员都能够承担责任，履行承诺。

必和必拓借"可持续"这一价值观强调了部分企业宗旨当中的内容，即如何看待企业与环境和社区的关系。这一点可以给予我国企业的启示除了其内容上的界定以外，在形式上也提醒我们要把企业文化的各个要素做联动设计，不能把企业使命、企业愿景、企业宗旨、企业核心价值观、企业精神和企业理念等企业文化的重要内容进行孤立处理。只有使企业文化的各个要素彼此相互支持，才能形成真正统一的企业文化。

"守诚信"为老生常谈，但常谈之内容不等于不重要。关于企业价值观的设计不同于技术发明，它不需要太多的创新，而是要更多地保守传统，保守传统的人际关系、保守传统的人文美德、保守更具普适性的处世原则。无论在什么样的时代，诚信对于每一个人和每一家企业而言，都是最为重要的操守。至于如何坚守诚信，不同的人和不同的企业会有不同的方法，必和必拓的方法是传统的，即"言必行，行必果"。说了就做，做就要做好。

讲到诚信，这其实是中国人最看重的价值观之一。

孔子说："人而无信，不知其可也。大车无輗，小车无軏，其何以行之哉？"

在这里孔子要表达的意思是：一个人如果没有信用，不知道他还可以做什么。这就好比牛车没有车輗，马车没有车軏，还怎么能够行进呢？

"尊重"这一价值观是我国企业不太强调的，我们更多地会强调忠诚、敬业、创造等内容，而容易忽视尊重、信任等情感方面的需求，而事实上这些内容才是我们真正需要重视的。如果给予这些内容恰如其分的重视，则其他方面的价值培养则会成为自然而然的事情。必和必拓在强调这一价值观的时候，给予它的是一以贯之的实用性内涵，即"欣然接受开放、信任、团队合作、多样性和互利的关系"。

而"高绩效""精简化""问责任"这三个方面，以我们的文化视角看，它们更像是企业发展的要求或目标，并不是价值观上的指导。如果换作我们中国人熟悉的语言，可以描述为卓越、专注和责任。卓越是什么，卓越就是重视绩效，就是通过不断提高能力来创造业绩。专注是什么，专注就是要把注意力放在企业最应该看重的地方，就是要在意重中之重。责任是什么，责任首先是职责，其次是承诺，为此，企业当中的每一名成员都应该确定职责、承担责任、履行承诺，企业因此才会成功，并且可以持续性地成功。

从整体上看必和必拓的六个价值观可以发现，它们并没有特别强调企业所在行业的特点，并没有特别强调安全和质量等能源和资源型企业非常看重的内容。为了说明这一点，在此可以从英国、美国和加拿大各选择一个同类型的企业进行比较。英国石油公司的企业价值观包括五个方面的内容，分别是安全、尊重、卓越、勇气和团队，其中排在第一位的价值观就是安全，除此之外，与必和必拓相同的价值观有尊重和卓越。美国马拉松原油公司的企业价值观也包括五个方面的内容，分别是重视健康和安全，加强环境管理，开放和诚实，建立友好的社区合作关系以及结果导向。这其中，也是把安全作为第一价值观放在了公司企业价值观体系的首位，除此之外，与必和必拓相同的价值观还有诚实以及类似于高绩效的结果导向。加拿大森科能源公司的企业价值观同样也包括五个方面的内容，即安全至上、尊重、做正确之事、更上一层楼、勇于奉献。很明显地可以看出，其排在第一位的价值观也是安全，除此之外，与必和必拓相同的价值观还有尊重以及类似于卓越的更上一层楼等。

经过以上比较可以得出两点结论：

（1）必和必拓在安全与质量方面充满信心，而且已经深入人心，所以并不再特别强调它所在领域的重要价值观。

（2）美国、英国、加拿大和澳大利亚作为西方英语系大国的杰出代表，它们的企业多数会把尊重、诚信及追求卓越作为整体上的价值观，这一点是尤其值得学习和借鉴的。

1.3　企业家致辞及其管理理念解读

1.3.1　企业家安德鲁·麦肯齐简介

世界上最大的矿业公司之一的 CEO（chief executive officer，首席执行官）安德鲁·麦肯齐生于 1956 年 12 月，他是一位典型的苏格兰商人，经过多年的打拼和历练，他于 2013 年 5 月 10 日出任必和必拓的 CEO，并一直担任这个职务至今，其前任是马吕斯·克罗伯斯。

1.3.2　安德鲁·麦肯齐在企业行为准则上的讲话及其解读

企业文化从广义上看，可以分为四个层次，其中第一个层次是企业的表象文化，第二个层次是企业的精神文化，第三个层次是企业的亚文化，第四个层次是企业的在生成文化（相关内容可以参考本研究系列当中的《4S 企业文化与 7P 绩效管理及其互动影响研究》一书，该书由科学出版社出版）。

企业的表象文化又可以分为物质表象文化、制度表象文化和行为表象文化三个部分。而行为表象文化的最重要反映就是企业的行为准则，也就是说，要分析一个公司的行为表象文化是否优秀，必须借助这个公司的企业行为准则进行判断。

必和必拓公司的行为表象文化如何呢？其在行为表象文化方面所坚持的原则是什么呢？对此可以通过安德鲁·麦肯齐的致辞进行了解，具体内容如下：

I am proud to work as part of a team that sets and upholds high ethical standards; a team that thinks not just about what we do, but how we do it. Our *Code of Business Conduct* outlines how to act when working for, or on behalf of, BHP Billiton.

It is a powerful document that brings to life our charter values and will help you maintain trust and build strong relationships with our communities, governments, suppliers, business partners, customers and your team.

Staying true to the code supports a culture where we show real respect for one another, do what is right and do what we say we will do. As you go about resourcing the future, please remember your shared responsibility to consistently apply the *Code of Business Conduct*.

Also speak up and step up if you see a potential breach or if there is an opportunity for us to improve how we behave. Every one of us should follow our code, and I look forward to your continued support in upholding BHP Billiton's reputation and ensuring our long-term success.

将安德鲁·麦肯齐的这段致辞翻译成中文，意思是：

能成为必和必拓的一员让我很自豪，因为这个团队建立并且坚持高尚的道德标准；这个团队考虑的不是做什么，而是如何做。《商业行为准则》为我们指明了在工作时或代表必和必拓时应该如何去做。

此行为准则举足轻重之处在于它既体现了公司章程中的价值观，又有助于与社区、政府、供应商、业务合作伙伴、客户以及团队保持信任，建立牢固的关系。

对准则恪守不渝体现了彼此尊重的文化，做正确之事，言必信，行必果。当您规划未来之时，请谨记心存准则、责任共担、坚决践行。

面对潜在的机遇，或促进公司发展的机会，请直言不讳，勇往直前。每一名员工都应该遵循行为准则，必和必拓的良好声望和久盛不衰需要您一如既往的支持！

分析安德鲁·麦肯齐这段致辞可以从中梳理出如下几个要点，在这几个要点当中也融入了作者的一些相关性思考。

（1）任何一个公司都应该有其专门设计的特定行为准则，而对于大多数的中国民营企业而言，这一点是缺失的，相关内容或被隐于《员工岗位职责》当中，或融于企业的《管理制度汇编》里。当然，也有企业压根就不重视对员工行为的引导，企业的行为准则设计也就无从谈起。

（2）任何一个公司的行为准则都是这个公司打造正能量的行为保障，在其行为准则的背后一定内含着这个企业对道德与纪律的要求。

（3）一个优秀的行为准则，必须坚持行为导向的原则，也就是说，它要告诉员工什么事情可以做，什么事情不能做，对于企业要求的特定事情应该如何去做，等等。没有明确员工做事情的路径和方法的行为准则通常只能成为一纸空文。

（4）一个员工对行为准则的坚守可以反映这个员工所代表的企业行为文化，所有员工对行为准则的坚守则可以代表整个公司的企业文化。由此可以看出，行为准则对于传递和宣传公司的企业文化具有重要的作用，它指明了在工作时或代表公司时应该怎样做。

（5）一个公司的行为准则所包含的内容也可以用于指导员工实现这个公司的企业宗旨，也就是说，作为员工的行为准则，它还要为员工指明如何与社区、政府、供应商、业务合作伙伴、客户以及团队保持信任并建立牢固的关系。

（6）企业行为准则虽然是为员工设定的行为路径，但不只是对员工提出的要求，也包括对员工的鼓励和指导。在以上致辞当中，"对准则恪守不渝体现了彼此尊重的文化，做正确之事，言必信，行必果。当您规划未来之时，请谨记心存准则、责任共担、坚决践行"这句话体现的是要求；而"面对潜在的机遇，或促进公司发展的机会，请直言不讳，勇往直前。每一名员工都应该遵循行为准则，必和必拓的良好声望和久盛不衰需要您一如既往的支持"这句话体现的则是对员工的激励和鼓励。

1.3.3　安德鲁·麦肯齐在可持续发展报告上的讲话及其解读

"可持续"是必和必拓的第一价值观，也是诸多西方英语系大国杰出公司在其发展过程中坚持的第一原则。

下面借助安德鲁·麦肯齐在公司 2015 年可持续发展报告上的讲话，帮助读者深入了解西方英语系大国杰出公司的企业家们所界定的可持续发展的内涵及其主要的表现。他在这方面的讲话内容丰富，有理有据，具体如下：

I am pleased to present BHP Billiton's 2015 Sustainability Report. During a year of volatile economic conditions, BHP Billiton has remained steadfast in its commitment to sustainably provide the energy and resources required for economic development and growth, while delivering value to shareholders.

The approach is guided by our BHP Billiton charter, which unites us around our purpose, strategy and key measures of success. Our charter also states our values of

Sustainability, Integrity, Respect, Performance, Simplicity and Accountability which guide our behaviour and the decisions we make.

In May 2015, the demerger of South 32 was completed. A simpler portfolio allows a sharper focus on the businesses that generate the majority of earnings and increases the potential to create further productivity gains and grow shareholder value. Sustainable growth requires an effective response to climate change. As a major producer and consumer of energy, we have a company-wide focus on reducing greenhouse gas emissions and increasing energy efficiency.

As part of our strategic approach to climate change, we are building our own resilience and working with others to support effective policy frameworks that support a transition to a low-carbon economy. We are actively exploring opportunities to invest in low-emission technologies such as carbon capture and storage and battery storage.

We seek to minimize the environmental impacts of our operations and transparently report environmental performance. This year we made good progress on water and biodiversity targets as part of an ongoing focus to avoid, minimize and rehabilitate impacts to land, biodiversity, water resources and air within our area of influence. In addition, since FY2013 we have contributed over US$35 million globally to protect areas of conservation significance, including the Five Rivers Conservation Area in Tasmania, Australia and the Valdivia Coastal Reserve in Chile. We continue to make a positive contribution to the economic and social development of our host communities.

This contribution includes employment opportunities, the purchase of local goods and services and the development of infrastructure and facilities. In FY2015, we made US$7.3 billion in payments to governments.

We also voluntarily committed US$225 million in community programs that have a long-lasting and positive impact on the quality of life for people across the world.

During FY2015, we developed a new framework to guide all social investments until FY2020. The BHP Billiton Social Investment Framework comprises themes of governance, human capability and social inclusion, and environmental resilience. The framework guides us in making a distinctive contribution to meeting some of the most significant sustainable development challenges facing the world, aligned with the emerging issues and trends that are relevant to our Businesses and stakeholders.

We are proud to have publicly announced our support for the recognition of Australia's Aboriginal and Torres Strait Islander peoples in the nation's constitution. We have strong relationships with Indigenous peoples in Australia and around the world. Our support for recognition in Australia's foundation governance document is consistent with the values underpinning the relationships we seek to have with Indigenous Australians.

We are committed to high-quality governance，transparency and ethical business conduct. Our *BHP Billiton Code of Business Conduct* and the performance requirements set out in the Company's Group Level Documents make sure we do what is right and that we deliver on our commitments. These include support of the objectives and principles of the *International Council on Mining and Metals*，the *United Nations Global Compact*，the *Voluntary Principles on Security* and *Human Rights and the Extractive Industries Transparency Initiative*. For the first time，BHP Billiton has published a comprehensive report on our payments to governments and broader economic contribution，in addition to this Sustainability Report.

Finally，I would like to thank both host communities and business partners for their support. I would also like to acknowledge our dedicated workforce for their continued focus on sustainable improvement in every part of the business. I am confident that with your ongoing support we will have a safer and more sustainable future.

将以上致辞翻译成中文如下：

我很高兴能出席必和必拓 2015 年可持续发展报告会。虽然这一年经济动荡，但是必和必拓依然坚定地履行持续为经济的发展和增长提供所需能源和资源的承诺，并为股东创造价值。

必和必拓章程为我们指明了具体措施，此章程将企业目标、战略和成功的关键措施相联结，阐明了必和必拓可持续、守诚信、尊重、高绩效、精简化和问责制的价值观，以此作为我们一切行动和决策的指导方针。

2015 年 5 月，南纬 32 度公司拆分完成。这一举措使投资组合更为简化，公司可以更专注于高盈利的业务，提升企业潜力，提高公司生产力，增加股东价值。要实现可持续增长，需要有效应对气候变化。作为一个主要的能源生产商和消费者，整个公司上上下下齐心协力减少温室气体排放、提高能源效率。

作为应对气候变化战略措施的一员，我们正在形成自己的应变能力，与他人合作，支持低碳经济转型的有效策略框架。公司积极把握机会、投资低排放技术，如碳捕获、储存，电池储存，等等。

我们尽量减少业务运营对环境产生的影响，并实事求是地报告环境绩效结果。今年，我们在水和生物多样性目标上取得了长足的进步，这是我们避免、减少和修复对土地、生物多样性、水资源和空气产生影响这一目标的重点。此外，自 2013 财年我们已提供 3 500 多万美元的赞助用于保护全球意义重大的地区，包括塔斯马尼亚的五条河流的自然保护区、澳大利亚和智利瓦尔迪维亚的海岸保护区。我们将坚持不懈地为社区经济和社会发展做出积极贡献。

这种贡献包括提供就业机会、购买当地商品服务和基础设施设备开发。在2015财年，我们提供了73亿美元的政府支持资金。

我们还自愿承诺2.25亿美元的社区项目，这会对全世界人民的生活质量产生持久和积极的影响。

在2015财年，我们开发了一个新的投资框架，用于指导到2020年的社会投资。必和必拓社会投资框架包括管理、人类能力、社会包容性和环境适应力等几方面内容，该框架对指导我们如何应对当今世界若干可持续发展重要挑战做出了独特贡献，这些挑战关乎企业和利益相关者的新问题、新趋势。

我们很自豪地宣称，我们为实现澳大利亚原住民和托勒斯海峡岛民在国家宪法中的合法地位贡献了一己之力，并与澳大利亚和世界各地的人民关系密切，而且公司认可澳大利亚基金会治理文件内容，并赞成力求与澳大利亚人和睦相处的这一价值观。

我们对高品质管理和透明运营孜孜以求，并恪守商业道德。公司集团级文件——《必和必拓商业行为准则》确保我们做正确之事，履行承诺。同时我们支持如下组织及章程的宗旨和原则：《国际矿业和金属委员会》、《联合国全球契约》、《安全和人权自愿原则》和《采掘业透明度倡议》。必和必拓除可持续发展报告之外，还首次公布了对政府或其他方面经济支持的综合报告。

最后，我要感谢东道主社区和商业伙伴的支持！同时我也要感谢我们兢兢业业的员工，感谢你们对公司业务一点一滴的改进给予的时刻关注！我相信，有你们持续不断的支持，我们将步入一个更安全、更可持续的未来！

1.4　必和必拓的企业战略及其解读

必和必拓的企业战略是拥有并经营大规模、长效性、低成本、可扩张的上游资产，而商品经济、地理环境、市场因素又使得这些资产更为多样化。

如此界定公司的企业战略很显然与大多数中国企业完全不一样，此处没有数字说明，也没有具体的目标，它指出的只是企业发展的战略方向，以及在这个方向上企业发展的具体选择，虽然无数字要求，但一样具体，而且考虑的因素也很全面。

以下是必和必拓对其企业战略的具体说明，这一说明事实上给出了企业战略实现的路径，而且其所采用的描述方式也与大多数中国企业不一样，而其不同之处恰恰就是我国企业应该借鉴的内容。

十多年来，公司的战略一直保持不变，使企业能够在整个经济和商品周期中产生更高的利润。多元化、低成本及一级资产基础强化了必和必拓的现金流弹性，主要方式是降低每一商品或货币的金融风险，并提供更可预测的、更稳健的财务业绩。这使得公司能在经济周期中办企业并发展业务，从而为股东提供更高的长期价值。

必和必拓的企业战略以多样化为基础，而这种多样化又是通过商品经济、地理环境及市场因素来实现的。要取得成功，体现公司价值观的劳动力队伍和运营团队必不可少。因而必和必拓的目标是从驻地社区招聘人才，吸引能够组织并在高绩效团队中工作的高素质人才。发展员工技能与能力，并坚信这是奠定一级资源的基础，是区别必和必拓与竞争对手的关键所在。

必和必拓致力于发展和扩大一级资产的多样化投资组合，以持续满足客户不断变化的需求。公司的产品是原材料，这些原材料不仅推动了当今世界的发展，还会助力今后一个世纪的发展。公司拥有一个世界级的增长期权组合，确保企业可以制定出必和必拓的短期规划和长期规划，并持续为股东创造价值。

必和必拓认为，满足下列条件，公司的成功便指日可待：①员工的一天始于目标感，终于成就感；②社区、客户及供应商重视与公司的关系；③公司的资产组合世界一流并可持续发展；④操作规程与财政实力为公司未来发展保驾护航；⑤股东投资回报更高。

1.5　必和必拓的企业管理

作为世界上最大且具有悠久历史的矿业公司，必和必拓除了在企业文化建设和企业战略管理方面有其独到之处以外，在企业管理方面也有很多值得借鉴的地方。以下摘选其企业管理的四个方面来为中国企业管理者提供参考，这四个方面分别是对领导者的要求、对员工的要求、对诚信的坚持和对政策的坚守。

1.5.1　对领导者的要求

必和必拓对公司领导者的要求非常严格，这是确保公司战略方向一直正确和战略决策一直能够得到执行的一个重要原因。

以下五点描述就是公司对领导者的要求的概述：①公司领导者对严守公司章程并践行其所述价值观责无旁贷；②安全第一；③员工优先；④成绩斐然；⑤秉

公任直。

进一步理解以上概述如下所示。

（1）公司领导没有超出公司章程的权力，相反他应该是遵守公司章程的第一责任人。

关于这一点非常值得中国民营企业家借鉴，很多中国民营企业的老板在管理企业时非常随性和随心，经常会成为自己制定的制度的首位破坏者。

试想，一个企业辛辛苦苦地建立了自己的制度体系，或者花大价钱请管理咨询公司为自己设计了权限流程，可是因为企业家经常不遵守这些制度和流程以至于上行下效，结果使制度流程成为一纸空文，岂不可惜。

（2）领导者应该带头宣扬企业价值观，并且要在实际工作过程当中以价值观作为行动的指引。

企业价值观是企业文化当中最为重要的一个部分，也是最接地气的内容，它可以指导企业所有员工具体开展各自的工作，这其中当然也包括可以指导企业领导推进工作。

从某种意义上说，企业文化就是老板文化，或者就是领导者引领员工前进的思想。如果老板不带头遵守企业文化，或者要求员工信守一套思维方式与行事方式，而自己却实行另外一套，结果一定是被员工发现，继而怀疑，并且最终会动摇其对企业文化的信心，这对于整体的企业管理工作来说是非常不利的。

（3）作为资源型企业，安全必须为全员所重视。

虽然必和必拓没有把安全列入其价值观体系，但是从其对于领导者的要求可以看出，公司在安全问题上是没有半点马虎的。

（4）领导者如果高高在上，自以为绝对聪明，从不把手下员工放在眼里，早晚是要吃亏的。

可能让其吃亏的地方有两个方面：第一是真正优秀的人才可能因为领导者这种态度而不愿为；领导者和企业效力，失去努力工作的动力；第二是员工与领导者离心离德，使其失去了员工的信任和支持，最终成为孤家寡人，企业也因此失去了战斗力。

一个优秀的领导者一定会坚持员工优先的原则，他一定深知自己的力量必定源自那些乐于和他一直并肩工作的人。

（5）一个优秀的领导者一定会有一个优秀的业绩作为证明。

所谓的不以成败论英雄，事实上是对失败者的冠冕堂皇的安慰。一个领导无论他看上去有多么优秀，抑或其他人认为他已经有多么优秀都是没有用的，企业经营不可能不以成绩论英雄，而创造不出业绩的领导者也很难称得上是真正的英雄。

（6）一个优秀的领导者一定会具备诚实正直的品质，这样他才能团结到真正志同道合的优秀人才。

一个领导者即便没有这样的品质也要在工作当中表现出自己具备这一品质，而且一定要装得真、装得久，否则他就不可能一直优秀，因为诚实正直而又有才华的人不会乐于为不诚实正直的人工作，不诚实正直但又有才华的人想得最多的不是自己的领导者或者自己所效力的企业，他们想得最多的是自己，这样的人不可能帮助另外一个人成为优秀的领导者。

1.5.2　对员工的要求

作为一个全球性的公司，必和必拓在员工管理方面有一些独到但同时也非常容易理解的观点，其在这方面的理念是要为有才能、知进取的员工提供特殊的职业机会，并使其加入必和必拓多元化和包容性的全球团队。

必和必拓在招纳和培养员工方面的态度与要求为：必和必拓吸引、雇用和培养具有非凡技能的员工，这些员工彼此价值观相同，并希望有所作为。在公司业务中，企业鼓励员工发挥能力、利用专业知识协助公司实现公司战略，能为公司的长远未来贡献力量。

分析这句话可以梳理出四个关键点：

（1）一个优秀的员工必须技能突出，如果他的技能一时不够突出，则企业应该想办法帮助他成为技能突出的人才。

（2）真正优秀的员工必须与企业的价值观保持一致，否则他的优秀与不优秀对于企业的发展而言，不一定具有多大的影响。

（3）一个优秀的员工一定是一个有追求的人，一定是一个希望自己有所作为的人，如果没有追求，任何一个人都难以成功，也谈不上优秀。

（4）一个优秀的企业一定能够激励其所有的员工为企业的战略发展而努力奋斗，换句话说就是一定会确保所有的员工都能够与企业站在同一个前进的方向上。为此，企业自身首先必须明确自己的发展方向，也就是要设计出清楚的战略发展目标与战略发展路径。

必和必拓对员工在工作过程当中应该如何坚持团队运作的要求为：为使一家因商品经济、地理环境和市场因素而形成的多元企业取得成功，公司需要一支最能反映公司资产所在社区和员工生活社区状况的劳动力队伍。在当地和全球团队中，公司因多样性、创造力、协作、活力和鼓励而成长和发展。

分析这句话可以提炼出五个关键点，即多样性、创造性、团队协作、保持活力和正向激励。

（1）多样性内含着包容性，对于跨国企业而言，如果没有包容性就不可能生成多样性，如果没有多样性就不可能雇用本地员工，就不可能解决人力资源不足的问题。

（2）创造性是在多样性的基础上由员工集体表现出来的一种成长属性，它是任何一个想要实现大发展目标的企业都必不可少的重要条件，尤其是在全球化的当下时代，任何一个有想法的企业都不需要循规蹈矩的员工，它们需要的是有开拓能力和创造张力的人才。

（3）团队协作必不可少，而要实现协作目标，团队要吸纳优秀的成员，要设计明确的愿景，要分配好利益。

（4）保持活力是现代企业管理的一个重要目标，它曾经不被重视，但现在却缺之不可。

（5）正向激励的目标是打造正能量，无论是一个团队还是企业本身，只要能够打造正能量，或者是走在打造正能量的路上，这个团队或者这个企业就一定大有希望。

必和必拓对各级领导在员工管理方面的要求非常质朴，那就是要经常和员工会面，具体内容为：公司员工生活和工作在一些世界上最独特和最具活力的环境中。他们借由团队力量，努力追求卓越，以高绩效获得奖励，并致力于诚信工作，信守公司章程中的价值观。想了解更多情况，请见见公司团队成员。

针对这句话，企业领导们只要记住"经常见见团队成员"就足矣。

1.5.3　对诚信的坚持

诚信经营不是什么创造性的企业经营理念，但却是放之四海皆准的运营法则，哪个企业敢于违背这一法则，则其必将与成功渐行渐远，直至消失不见。对于诚信经营，必和必拓是这样看待的：无论在何处，公司都要力求诚信经营，即做正确之事，言必信，行必果。

以下是必和必拓为了做到诚信经营而采取的具体指导思想和具体工作方法。

（1）诚信经营。

诚信经营是万事之始点——做正确之事，言必信，行必果。事实上，公司不但关注结果，同样关注过程。

（2）公司责任论坛。

论坛对社会当前和未来的优先考虑事项发表远见卓识，并提供多角度理解和辩论问题的机会。

（3）与政府互动。

必和必拓与政府部门保持着商业道德关系。因为企业的经营能力直接受到政府决策的影响，所以与政府保持开放和建设性的关系极为重要。

（4）收入透明原则。

必和必拓从方方面面支持所在社区建设。除了直接经济影响外，公司最卓越的贡献之一是通过以特许权使用费和税收的形式向政府支付资金。必和必拓拥有一套基于责任、公开、公平且易行的透明原则。

（5）反腐倡廉。

反腐败是必和必拓对所在社区的重要承诺之一。腐败如果不加以制止，不仅会影响社区从自然资源开发中的获利状况，而且还会影响政府决策。

在资源产业中，公司决心为打击全球腐败发挥自己的力量。以持续发展为强大支撑，公司拥有自认为是世界级的反腐败计划。

（6）竞争法规。

必和必拓严格遵守竞争法。

（7）税收和税收透明政策。

必和必拓坚决执行最高标准的公司管理和税收透明政策。

1.5.4　对政策的坚守

作为一个全球性的公司，或者作为一个规范运营的企业，都应该建立自己完备的制度管理体系，都应该拥有可以随时拿出来给外人看和给自己人用的管理制度汇编，这是一个基础性的要求。对此，西方英语系大国的杰出公司往往习惯于通过建立系统的政策体系以达成上述目标，而必和必拓就是这样做的，下面所列是该公司的一些制度和政策内容。

（1）Constitution of BHP Billiton Limited（必和必拓公司章程）。

（2）Memorandum and Articles of BHP Billiton Plc（公司备忘录及条款）。

（3）Corporate Governance Statement（公司管理报告）。

（4）Comparison of BHP Billiton's Corporate Governance Practices with New York Stock Exchange Corporate Governance Requirements（必和必拓公司治理实践与纽约证券交易所公司管理要求之比较）。

（5）Board Governance Document（董事会治理文件）。

（6）Terms of Appointment of Non-Executive Directors（非执行董事委任条款）。

（7）Non-Executive Director Induction Program（非执行董事引入计划）。

（8）Remuneration Committee（薪酬委员会）。

（9）Risk and Audit Committee（风险和审计委员会）。

（10）Nomination and Governance Committee（提名与管理委员会）。

（11）Sustainability Committee（可持续性委员会）。

（12）Finance Committee（财务委员会）。

（13）Code of Business Conduct（公司商业行为准则）。

（14）Securities Dealing（证券交易）。

（15）Provision of Audit and Other Services by the External Auditor（外聘审计员审计和其他服务规定）。

（16）Market Disclosure and Communications（市场信息披露与沟通）。

（17）Independence of Directors Policy（董事独立性原则）。

（18）Our Approach to Diversity（多样性途径）。

（19）BHP Billiton Plc Long Term Incentive Plan（必和必拓公司长期激励计划）。

（20）Aviation（航空航天）。

（21）Community（社区）。

（22）Environment and Climate Change（环境与气候变化）。

（23）Health（卫生保健）。

（24）Safety（安全设备）。

（25）Security and Emergency Management（安全与应急管理）。

（26）Supply（供给）。

第2章 西农公司的企业文化与企业管理^①

本章要研究的是澳大利亚的西农公司，这也是一家拥有一百多年发展历史的企业，员工近 21 万人。

西农公司曾经在澳大利亚的企业排行榜上多年占据第二的位置，从各个方面密切影响着澳大利亚人的生活及其生活方式。

2.1　西农公司的企业情况介绍

澳大利亚是一个以矿业和农业为经济基础的发达国家，拥有世界上最大规模的矿业企业——必和必拓，而在农业方面它拥有世界知名的企业西农公司。

西农公司在 2014 年的世界排名是第 158 位，2015 年的世界排名是第 171 位，2015 年的营业收入为 5 722 亿美元，利润收入为 246 亿美元，正是在这两年，它在澳大利亚的国内企业排名当中始终处于第二的位置。可是进入 2016 年以后，澳大利亚的金融企业整体迅速发展，这使得西农公司的国内排名先是跌出了前三位，后又在 2017 年以后跌出了前五名。

西农公司除了深耕农业以外，还在其他方面拓展业务，成了一家名副其实的多元化企业。西农公司的发展历史及其主要的经营业务和公司的发展重点如下。

1914 年，西农公司起家于一个西澳大利亚的农民合作社，现如今已成长为澳大利亚最大的上市公司之一。

西农公司的总部设在西澳大利亚，公司业务广泛，涉及大卖场、酒类、酒店和便利店；家居装修；办公用品；百货公司；工业，包括化学品、能源和化肥、工业产品、安全产品和煤炭。

---

① 资料来源：https://www.wesfarmers.com.au/。

西农公司是澳大利亚最大的私营企业之一，公司拥有员工大约21万人，股东人数近 50 万人。公司的主要目标就是为股东提供令人满意的回报。

西农公司是一家股份有限公司，注册于澳大利亚，并在澳大利亚证券交易所上市，上市代码为"WES"。

2015年，公司以 1.8 亿美元收购了太平洋品牌工作服装集团，并在象限能源公司获得了 13.7%的股份。

2015 年 8 月，西农公司宣布了组织结构调整和相关高级管理层变动，即三家工业企业：化学、能源和化肥公司，资源公司，以及工业与安全公司被归入一个新的工业部门。

基于以上资料可以概括西农公司的发展特点为"四多"，即①员工多；②股东多；③业务多；④因应时代变化而进行的战略调整和转型多。

2.2 西农公司的企业宗旨及其解读

根据企业精神文化设计的要求，一个企业的企业宗旨需要明确回答其与相关利益者的关系，从大的角度看，这些相关利益者主要包括股东、客户、员工、供应商、环境、政府、社区和社会。

西农公司的企业宗旨设计正是按照这样的路径进行的，它的优点不仅在于关注到了更多的相关利益者，而且针对每一个相关利益者都给出了明确的因应之道和处理之法。

下面从三个角度对西农公司的企业宗旨进行介绍，以供中国企业借鉴。

首先，西农公司在处理相关利益者关系时所持有的总体理念是：西农公司意识到，公开听取利益相关者的意见对于理解他们不断变化的期望至关重要。每个部门都要以最适合其业务的方式与其利益相关者进行沟通，同时要考虑到其利益相关者群体的需要。在集团层面上，西农公司考虑到利益相关者的广泛利益，这取决于公司业务对他们利益的实际或潜在影响的大小。

其次，借助其公司发布的公开资料，可以了解一下西农公司在处理相关利益者关系时所持有的整体态度，即以竞争和专业为基础，提供满足客户需求的商品和服务；为员工提供安全、满意的工作环境，奖励工作表现突出者，并提供晋升机会；通过有效开展现有业务和寻求企业扩张发展机遇，促进业务所在国的经济增长和繁荣；对公司所在社区的看法态度和期盼做出回应；大力强调环境保护；在公司内外的交易中以诚信正直的态度行事。

最后，分别了解西农公司在处理与股东、客户、员工、供应商和政府之间关系时所采取的具体做法，这些做法是明确企业宗旨的最好表述。

（1）如何处理企业与股东的关系。

西农公司在界定自己与股东的关系时，更多强调的是具体为股东服务的方法，这些方法是公司常设性的安排，而这些安排最能体现公司为实现企业宗旨而不懈努力的决心。

西农公司深知向股东提供最新信息和公司股东参与决策的能力极为重要，因而鼓励集团管理层、董事会、股东、债务投资者、媒体和广大投资界之间要彼此沟通，同时要求这种沟通必须遵守澳大利亚证券交易所（Australian Stock Exchange，ASX）的上市规则、2001 年澳大利亚的"公司法"以及"市场披露政策"所载的相关规定。

西农公司有专门的人员部门来回应零售股东在公司办公室所提出的反馈意见，同时企业还通过网站、电子邮件及年度大会与零售股东沟通，听取机构投资者的意见，在战略和业务简报日，公司还定期邀请股东实地参观公司业务，并参加其他临时会议。

西农公司每年都会举行一些向投资分析师开放的简报会，包括公司中期和全年业绩发布简报会，以及第一和第三季度零售销售业绩之后的简报会。在这些简报会上投资分析人员可以向执行总裁和财务总监提问，在中期和全年业绩公布报告会上，他们可向各管理总监提出问题。所有股东也可以通过公开网络广播收听这些简报直播或重播。

此外，执行总裁和财务总监在中期和全年业绩公布后的几周内，会与一些公司主要的投资者和经纪集团的代表举行国内和境外的情况介绍会。这些简报会的反馈意见，包括投资者和股东最感兴趣的内容，将用来指导未来的市场交流。

股东在 2015 年提出的主要问题涉及集团经营行业竞争强度、投资组合管理和集团增长前景。公司团体投资人也有兴趣了解公司在道德采购、供应商关系、气候恢复和公司治理方面的做法，这些都是在公司网站上公布的投资者简报中讨论的主题。

（2）如何处理企业与客户的关系。

很多企业在谈及自己与客户的关系时都是把客户至上放在第一位的，可是"说是这样说了，做却未必这样做"是一个普遍存在的现象。西农公司在处理与客户的关系时并没有说出特别多的漂亮话，而是直接给出了如何服务客户的最为直接的方法，这些做法看上去也没有什么特别之处，但具有实用性。西农公司所有业务都有倾听客户意见的沟通机制。客户的反馈意见首先在相关业务中得以解决。此外，客户全年都可以通过电邮、信件、网站、电话等方式直接与公司沟通。对公司业务特定活动感兴趣或乐于参与的客户可以直接向公司表达意向。每个工作日公司直接接收电邮中的客户反馈意见，并尽快传递给应做出回应的相关部门。

（3）如何处理企业与员工的关系。

如何处理员工的关系，从某种意义上可以反映出一个企业老板的眼界，也可以反映出这个企业的发展格局。通常而言，所有发展得非常成功的企业都是在处理好了与员工关系的基础上前进的，其原因在于：没有员工的满意和认同，任何企业的发展都将变得举步维艰。

西农公司无疑是一个成功的企业，那么它在处理与员工的关系时必然会有一些成功的做法，具体内容如下。

截至 2015 年 6 月，西农公司雇用了 205 001 人。在整个集团中，公司努力促进一种开放文化，重视赋权、鼓励员工直接反馈意见。

西农公司通过若干渠道从员工那里得到反馈，包括定期部门员工调查、个人联系、举报程序、网站和电子邮件。

2015 年，公司从员工那里得到的主要信息包括持续职业发展和与个别情况有关的关切问题。各部门根据员工调查中收到的反馈意见采取行动，调查并解决个人关注问题。

公司举报程序每年要向审计委员会进行报告。

这些成功的做法没有什么高不可及的内容，朴实无华却最为管用，这才是企业管理员工之道。

（4）如何处理企业与供应商的关系。

如何处理与供应商的关系是一个企业当中比较敏感的话题，它所涉及的是直接的利益碰撞，所以从表面上看企业与供应商的关系就像是个跷跷板，很难取得平衡。但是企业领导者如果能够保持客观和理性，企业能够采取公开和透明的设计，则这两者之间也可以建立亲密的朋友关系，或者至少可以保持规范的合作关系。西农公司在这方面的努力就是要确保与供应商的规范合作，具体如下。

西农公司着力于让股东和供应商都长期受益，同时认识到强有力的磋商是正常和可接受的商业行为，这有助于增强创新、提高效率，以及增加各方长期可持续合作和竞争。公司各部门与供应商工作关系密切。

西农公司还有针对高风险供应商的道德采购审计与审核体系。作为供应商团体的重要合作对象，公司通过汇报以及定期或应邀与供应商见面会谈来决定其供应商身份。

（5）如何处理企业与政府的关系。

任何一个国家的企业都要受所在国政府的政策引导，都要在所在国的相关级别政府部门的监管下运营，规模越大的企业越是如此，所以越是规模大的企业越要处理好与政府的关系。

如何处理与政府的关系呢？最好的办法就是融入政府的管理程序或决策路径

当中。

2.3　西农公司的企业价值观及其与必和必拓公司的比较

正如第 1 章所讲到的，一个企业的企业宗旨与这个企业的价值观应该是一脉相承的，它们必须在统一的路径上进行设计。西农公司的企业文化与必和必拓一样保持了这种特点，在设计其企业价值观体系时，依然在不断地强调其企业宗旨所要表达的内容。

西农公司的长期目标是向股东提供令人满意的回报。在这一原则指导下，公司形成了独特、高度集中、纪律严明的公司文化。在此基础上，西农公司坚持四个核心价值观，即正直、开放、问责和大胆。

西农公司的业务范围和多样性不仅赋予了集团对股东的巨大责任，还赋予了集团对大约21万名员工、更广泛的客户群，以及该公司运营所在地的社区和家庭的巨大责任。

尽管公司多年来发生了许多变化，但它持续专注于向股东提供令人满意的回报；照顾员工并确保他们在安全的环境工作；向客户提供优质的产品和服务；照顾和关心环境；为其公司运营所在地的社区做出贡献。

正直、开放、问责和大胆是西农公司的企业价值观，这四个价值观可以更换为中国人更加熟悉的语言，如诚实守信、开放包容、勇担重任、追求卓越等。

把这四个价值观与必和必拓公司的六个价值观进行比较，后者的企业价值观包括可持续、守诚信、尊重、高绩效、精简化和问责制。单纯从字面上看有两个内容是基本相同的，即正直诚信和问责，这是杰出企业所共同追求的普适性的内容。两家企业的企业价值观有所区别的是西农公司更加强调开放和大胆，这是一个典型的外向多元化企业所应该坚持的价值追求，而作为一个只在单一行业发展的集团企业，必和必拓则没有这样的价值诉求，由此可以得出的结论就是：任何一个企业在设计自己的价值观时都必须要结合自己的企业属性、所在行业的特点、企业的发展战略、企业的历史传承及领导者的风格，无论其他企业多么优秀，不适合自己的价值观一律都不能照抄照用。

2.4　西农公司的企业原则及其与中国企业的比较

除了强调自己的企业宗旨和企业价值观以外，西农公司还总结出了企业发展的十条原则，用于指导更加具体的工作，这样的做法可以理解为对企业精神文化的细化，细化以后的结果可以视为企业文化的亚文化，或称为基础性工作理念体系。

西农公司对这十条原则的态度为：为了长期且持续地创造价值，西农公司致力于积极管理其社区和环境影响。以下十项原则关乎可持续发展问题，这些问题对企业整体来说，是最重要的"基石"。公司每个部门都要考虑到其业务环境的具体情况，将这些原则应用于其业务，并鼓励它们根据这些原则制定自己的内部目标。每年公司都将对照这些原则提出报告。

这十条原则的具体内容如下。

（1）公司始终不懈地关注为员工提供安全工作场所这一问题。

（2）公司致力于为员工提供可以提高其工作表现和职业发展的机会。

（3）公司努力创造一个包容各方的工作环境，尤其关注性别多样性以及原住民和托雷斯海峡岛民。

（4）公司致力于与供应商建立坚实与相互尊重的关系。

（5）公司努力以负责任的方式采购产品，同时与供应商合作，改善其社会实践和环境惯例。

（6）公司对所在的社区做出积极贡献。

（7）公司全力为消费者提供安全产品。

（8）公司努力降低企业的排放强度，并提高对气候变化的适应能力。

（9）尽可能减少垃圾填埋和用水。

（10）在所有业务中都保持稳健的公司治理政策。

解读这十条原则，可以看出它们分属于六个方面，其中前三个原则针对员工而提，关心的是员工的安全、发展与多样性三个角度；第四和第五个原则是针对采买而提，强调的是如何处理与供应商的关系；第六个原则是针对社区而提，强调的是要为社区做出企业的贡献；第七个原则是针对消费者而提，事实上也就是强调如何满足客户的需求；第八和第九个原则是针对环境而提，强调的是企业在发展过程当中应该承担的保护环境的责任；最后一个原则是针对企业的管理而提。

如果进一步解读可以发现，这六个方面当中的前五个方面都是对于如何落实企业宗旨而做出的强化和细化说明，也就是借助企业原则这种方式进一步明确指出企业应该如何处理与员工的关系，如何把握与供应商的关系，如何处理与社区的关系，如何为客户服务，如何保护环境等。

从文字风格上可以看出，西方英语系国家在描述自己的企业原则时，所采用的风格和方式完全有别于中国企业，以下选择了两家中国企业作为对照。

青岛宝佳自动化设备有限公司的基础性工作理念

（一）人才理念

我们对于人才的判断有三条标准：

（1）始终忠诚于宝博，热爱宝博；

（2）能够团结同事，喜欢积极、主动、有创意地工作；

（3）企业交给他一件事情，他做成了；企业再交给他一件事情，他又做成了。

（二）员工理念

对于员工，我们有三个层次的认识：

我们把员工视作家人，为他们创造良好的工作环境，并且要求他们诚实正直、敬业守信、开诚布公、相互支持，并追求最高水准的表现。

我们把员工当作企业最大的财富，希望他们以企业为荣，有高度的工作热忱，并因为良好的表现而不断得到升迁。

我们希望员工受到尊重，获得公平的待遇，他们的意见将得到充分的反映，并且能够不断获得成就感。

（三）客户理念

公司不仅为客户提供高品质的产品，而且要做他们贴心的合作伙伴；满足客户的需求不是目的，超越客户的期望才是我们真正的目标。

（四）市场理念

我们的市场理念就是"共赢"，在为客户不断创造更大价值的同时，更加快速地发展自己。

（五）经营理念

基于品质做品牌，借助创新谋发展。

（六）管理理念

管理就是服务和沟通，就是指导和帮助别人更快、更好地工作。

（七）执行理念

完成任务，不找借口。

（八）品牌理念

专注品质，创新特色，导向市场，引领高端。

（九）行为理念

不说消极的话；不做消极的事；不谈消极的人。

（十）创新理念

如果我们不重视创新，企业就失去了发展的动力；

如果我们创新速度不够快，企业就会失去竞争力。

（十一）信任理念

希望得到别人的信任，就要做让别人信任自己的事情。

（十二）价格理念

真实，准确，控制成本，注重效益。

（十三）采购理念

为企业采购，应该如同为自家买东西那样认真。

（十四）审计理念

全心、全意、全面地维护企业利益。

（十五）生产理念

十分认真地重视"安全第一"，

十分认真地保证"质量可靠"，

十分认真地追求"工艺领先"，

十分认真地确保"成本控制"。

青岛鑫光正钢结构有限公司的具体工作理念体系

1. 管理理念

我们要建设"家庭化、事业化、学校化、军事化、职业化"的现代企业，借助五化管理不断实现自我能力提升，通过能力的不断提升最终实现企业的长远发展。

2. 发展理念

（1）实施五化管理，以达到企业利润最大化；

（2）提高员工素质，以增强企业快速反应能力和迅速壮大能力；

（3）以客户满意为中心，提升企业形象，提高员工生活水平和工资标准。

3. 工作理念

认真、快、坚守承诺。

4. 执行理念

保证完成任务，决不找借口。

5. 处世理念

企业"三不"——不说消极的话，不做消极的事，不谈消极的人。

企业"三用"——用积极的心理期望替代消极的心理期望；

　　　　　　　　用积极的心态替代消极的心态；

用积极的情绪替代消极的情绪。

6. 干部理念

基层看才能，中层看品质，高层看胸怀，从业绩中看德才，从德才中选干部。

7. 进步理念

小成在智，大成在德，认真做事，诚信做人。

8. 领导理念

作为一个优秀的领导应该具备三种能力，即沟通的能力、包容的能力、果敢的魄力，并不断地把这三种能力用于为客户、企业创造价值的工作过程当中。

9. 信任理念

希望得到别人的信任，就要做让别人信任的事。

10. 人才理念

就是交给他一件事情，他做成了；再交给他一件事情，他又做成了。

11. 创新理念

知足者常乐，知不足者常新。

12. 实践理念

想壮志凌云，做脚踏实地。

13. 成长理念

赏识中成长、谴责中成熟、自律中成功。

2.5　西农公司的可持续发展理念与做法

根据《美国杰出公司企业文化研究》《英国杰出公司企业文化研究》《加拿大杰出公司企业文化研究——基于加美英企业的比较》及本书的研究可以得出一个结论：世界性的杰出大公司都非常关注可持续发展这个话题，事实上它们不只是在谈论这个话题，而且也实实在在地采取了一些行动和措施。

针对必和必拓，本书解读了其 CEO 的一篇相关性致辞，从中可以感受到必和必拓对可持续发展的看法。针对西农公司，本书选取了其可持续发展报告当中的一部分内容，从中也可以看出西农公司在可持续发展上的认识及做法，具体如下。

一个多世纪以来，西农公司一直在为其利益相关者创造价值。只有在企业所服务的社区中发挥积极作用，才有可能长期创造价值。

在西农公司，可持续性就是要了解和管理企业对社区和环境所产生的影响，以确保企业在未来仍将持续创造价值。

公司目标是根据 10 项社区和环境影响原则经营公司业务，这些原则涉及员工、采购、社区、环境和治理等方面。每年，公司通过实质性进程审查出攸关利益的重要问题，以确保企业可以及时处理。

可持续性问题由各分部门进行管理，并以定期报告形式由西农公司董事会监督执行。各部门制定自己的有关可持续性问题的内部目标，年度风险程序确定并处理可持续性风险。当下首要的问题是道德采购和气候变化复原力这两个问题。

西农公司签署了"联合国全球契约"，以加强对其原则的承诺。同时公司还被纳入道琼斯可持续性指数，该指数展示了可持续性方面的领导者和投资者能以此了解公司如何处理可持续性问题。

为了帮助读者更进一步了解西农公司的可持续性发展政策，本章选择了一篇其管理者在2015年的相关致辞，借助这篇致辞还可以加深对这家企业发展原则以及企业宗旨的理解，具体内容如下：

Wesfarmers has been creating value for all our stakeholders for over 100 years. One thing we have always recognised is that the communities in which we operate have to thrive and succeed and we have to operate in a sustainable way. We are governed by our 10 sustainability and community principles.

As we reflect on last year, there are some areas where we have made some good progress.

On safety, our Total Recordable Injury Frequency Rate has reduced by more than seven percent. The challenge going forward is to ensure that our workplace is a safe place for every employee, so that each one of us can go home every day safe to our families. We have a lot more work to do on safety.

Last year, for the first time, we and our customers made community contributions of more than $100 million. That is terrific and we would like to do more on that front.

We have done some really good work on ethical sourcing. We will continue to have a strong focus on making it clear to our suppliers that we want our products sourced and made in a way that is ethical and responsible. I am really pleased that we have signed the UN Global Compact and we have an ongoing commitment to that compact.

Over the last five years at Wesfarmers we have reduced our emissions intensity by 37 per cent which is a really pleasing outcome. It is important that we continue to look at ways to reduce that going forward. It may be more challenging, as we have done some of the easier things over the last five years. But we want to mitigate the risk of climate change and we want to ensure that our businesses are as resilient as they can be.

On diversity, I am really pleased with the progress we have made in employing Indigenous Australians. We now have nearly 2, 800 Indigenous employees across the Group. Last year alone, Coles employed an additional 500 Indigenous Australians. Our target is that the Wesfarmers workforce reflects the proportion of Indigenous Australians in the workforce.

将以上致辞翻译成中文如下：

100 多年来，西农公司接连不断地为公司所有利益相关者创造价值。我们深知，只有公司所在社区繁荣且成功，西农公司才能可持续运营，因此我们遵循 10 项可持续性社区原则。

回顾去年工作，我们在一些领域进展良好。

在安全方面，公司总可记录受伤率降低了超过七个百分点。今后的挑战是如何确保每个员工有安全的工作环境，让所有员工每天都能安全回到家里。在安全方面，我们需要做的还有许多。

去年，公司和客户为社区投入资金首次超过一亿美元。这实在是不错，我们会再接再厉的。

公司在采购方面的工作也卓有成效。我们将一如既往地让供应商明白，我公司对采购和制造的产品都是理性而负责的。我对公司签署了联合国全球契约由衷地感到欣慰，对该契约我公司会持之以恒地贡献力量。

在过去五年里，西农公司将排放强度降低了 37%，这是一个非常喜人的结果。更重要的是，公司仍在不断寻求各种方式来降低排放量。这也许更具有挑战性，毕竟过去五年我们所做的似乎比较容易，但我们希望能减小气候变化风险，希望确保公司业务具有尽可能强大的适应力。

在多样性方面，我非常满意公司在雇用澳大利亚原住民方面取得的进展。目前，集团拥有将近 2 800 名原住民员工。仅 2014 年一年，科尔斯就多雇用了 500 名原住民。我们的目标是，澳大利亚原住民能在西农公司的员工总数中占到一定比例。

2.6　西农公司的员工发展与员工管理

员工无疑是企业发展的保证，是企业成功的基石，所以任何一个杰出公司都会把员工的发展视为头等大事，都会把员工的管理工作视为企业管理的重中之重。作为一家优秀的澳大利亚企业，西农公司在这方面的表现可圈可点。

　　前面提到的西农公司的企业发展原则当中，有三条就是针对员工提出的，其核心思想就是要为员工提供可以提高其工作表现和职业发展的机会，对此，西农公司是这样描述的：员工素质是公司最大的竞争优势，为他们提供可以提高其工作表现和职业的发展机会是企业成功的关键要素。

　　关于这一点可以用两个数据进行说明：①约59名在职澳大利亚人中就有1人在西农公司工作。②公司创造的财富中59%以工资或福利的形式发放给雇员。

　　西农公司在澳大利亚到底雇用了多少名员工呢？这些员工的构成与变化又是一种什么样的情况呢？西农公司对企业裁员以及员工最低保障是如何看待的呢？针对这些问题可以参考以下资料和数据进行了解。

　　截至 2015 年 6 月，西农公司总雇工大约 205 000 人，这使西农公司成为澳大利亚最大的私营部门雇主。其中，大约13万人是长期职位，75 000 人是临时职位。除了公司正式员工以外，一些部门还聘用了合同工。就业人数有季节性变化，在整个零售业更为繁荣的圣诞和夏季期间，就业人数也出现了高峰。

　　2015年，整个集团雇用了52 179名新员工，从事长期、兼职或临时性的工作，集团自愿离职人员流动率为17%。

　　2015 年，员工人数净减了约 2 300 人，这主要是因为上一个报表周期结束时公司出售了保险业务，该业务雇用了大约 4 000 人，由于一些部门改组裁员，减少数字中的一部分因公司其他业务增长以及收购工作服装集团而抵消。

　　不得不裁员时，公司各部门会尽力重新安排其就业，如果不行，公司会为受到影响的员工提供裁员包和再就业服务。按照法律规定公司会为在澳大利亚所有地点工作的员工至少支付最低工资，在任何部门，最低工资不会因性别而有所差异。

　　同样根据《美国杰出公司企业文化研究》《英国杰出公司企业文化研究》《加拿大杰出公司企业文化研究——基于加美英企业的比较》及本书的研究还可以得出一个结论：世界性的杰出大公司都非常重视对于员工的培训。

　　关于这一点可以看一看西农公司的具体做法。西农公司所有部门都为员工提供了广泛的具体职业技术和通用技术的培训与开发，如客户服务、团队合作以及领导力培训。

　　西农公司同时还提供中高级管理人员发展与定位培训，以确保其了解公司文化，并在这些文化要素中得以发展。例如，公司为新的总经理开办了一个新的行政领导项目，并为集团未来潜在的高管制订了一项行政发展计划。参加者在这些培训机会中受益匪浅，包括拓展任务、行动学习项目、指导、职业辅导制度和360 度反馈。

　　每年，集团执行总裁都要与各部门会面，以审查高管绩效和发展、关键岗位继任计划，以及高潜力主管的人选。企业特别重视的是，要确保这些候选人体现员工多样性。

除了重视员工培训与培养以外，建立良好的职场关系也是促进员工发展的重要条件，西农公司在这个方面的做法除了强调沟通与谈判以外，还鼓励员工在开展工作时发挥更大的灵活性，具体内容如下：超过85%的员工受集体协议保护。企业承诺，公司雇用的人员，不论是否有第三方参与，都有权单独或集体与公司进行谈判。集体协议通常包括通知期限的规定以及协商和谈判的规定。企业也相信，让员工和经理有最大化的工作安排灵活性势在必行。

多样性无疑是跨国企业特别看重的一个员工特质，在分析必和必拓时已经提及此点，在此了解一下西农公司是如何理解和设计的。

西农公司致力于营造一个海纳百川的工作环境，无论员工构成多么纷繁复杂，也不论员工的性别、年龄、种族、性取向、文化背景、宗教信仰、家庭责任或其他可能潜在的差异，多样性的各个方面都是至关重要的，除此之外，西农公司还特别注重性别多样性和吸纳原住民员工。

总结西农公司对待员工发展和员工管理的态度与做法，再加上笔者的理解，可以为中国的企业家们提供如下几点借鉴。

（1）一定要重视员工，一定要重视每一名员工，物质奖励可以激励员工的工作热情，而重视和尊重可以激发员工的工作潜能。

（2）重视员工的关键要点是重视员工的诉求，要重视每一名员工的合理诉求，投其所好，以求其对企业有所回报。

（3）重视员工就要给予员工支持，支持员工发展就是在推进企业成长。

（4）要重视员工可能获得的实实在在的利益，不能许空愿，画空饼，要给予员工真实可靠的收益，这样才能激发他们可持续工作动力。

（5）要重视员工培训和培养工作，要重视员工技能的提升和其他方面能力的提高，培训工作要系统，培养工作要有组织地进行。

（6）要重视员工的多样性发展，员工的多样性发展代表着企业拥有多元化的能力，可以解决不同类型的问题。

（7）要重视员工的可持续性发展，为此企业要真心投入，然后可以借助员工的可持续性发展道路而谋求实现企业的可持续性发展目标。

事实上，世界性的杰出企业在重视员工发展与员工管理方面都有很多值得借鉴的思想与做法，以美国的企业为例，埃克森美孚石油公司除了有一个明确的员工发展理念以外，还有针对性非常强的具体工作措施。雪佛龙公司在一个总体理念的指导下特别强调安全的思想并且非常重视对员工进行全面的培训。威瑞森电信构建了一个基础性的员工理念体系，同时强调保护员工的隐私和要求员工进行合理回避。摩根大通的员工理念和员工管理方法最为丰富，它们的员工核心理念是建立一个"全生命周期的员工管理和支持体系"，并主张在一个统一的目标引导下强化五个方面的具体工作，它们涉及招聘、培训、绩效管理和晋升、薪酬体系和继承规划五大领域。波音公司的员工理念最为特别，它只强调两个方面的内容，一个是"道德"，另外一个是"合规"，而在这两个理念的描述过程中又融入了大量的先进的员工管理思想。花旗集团的员工管理注重五个方面的工作，它们分别是：建立和运行员工发展网络，建构 21 世纪多样性发展平台，发展和奖励人才，建构包容性的文化和环境，重视员工的健康和财富。富国银行的员工管理理念分为总体理念和具体理念两个方面，公司在这两个方面提出了大量的非常系统和富有哲理的见解。（关于这个方面的内容可以参见《美国杰出公司企业文化研究》，该书由科学出版社出版）

英国石油公司在"帮助员工成长"方面的做法如下：①企业为了自身的发展必须强化针对员工的培训工作，"我们投资于员工发展，使其不但具备当下所需的专业技能，而且还要确保其具备长期从事让人具有满足感事业的能力"。②对于员工的培养与培训应该融于企业日常的工作当中，企业要以项目运营的实际操作来锻炼员工的各方面能力，"以项目训练你，让你的成长与项目的成功同步进行"。③以从事伟大的事业作为主要带动员工发展的动力，"英国石油公司为你提供成就有意义事业所需之一切"。（关于这个方面的内容可以参见《英国杰出公司企业文化研究》，该书由科学出版社出版）

第3章　伍尔沃斯公司的企业文化与企业管理[①]

本章要介绍和分析的是澳大利亚伍尔沃斯公司（以下简称伍尔沃斯），这是一家大规模的多元化连锁企业，雇用员工近 20 万人，其业务涵盖了食品、酒类、汽油、百货、家居装修和酒店等多个领域，在澳大利亚的企业排名当中一度冲到前三位。

3.1　伍尔沃斯的企业简介与企业愿景

伍尔沃斯的发展历史虽然没有必和必拓和西农公司的时间长，但也走过了近百年的历程。

伍尔沃斯成立于 1924 年，创始地点在悉尼，创始人是珀西·克里斯马斯。

珀西·克里斯马斯在开设第一家门店时就明确了伍尔沃斯的核心原则，即无论男人、女人还是小孩都需要一个便利的地方能买到物美价廉的商品。伍尔沃斯就要成为这样的地方。

这一原则无论是在当时还是在今天都极为重要。每周伍尔沃斯都会迎来 2 800 万名顾客，公司员工竭尽全力为顾客提供更大的便利、更高的价值、更多的商品和更好的质量。

现在，伍尔沃斯在全澳大利亚和新西兰共有 3 000 多家门店，其业务已经涵盖食品、酒类、汽油、百货、家居装修和酒店等多个领域。

伍尔沃斯是一家让澳大利亚人引以为傲的本土企业，光员工就有 198 000 多名，其与当地数千名农民、生产商和制造商通力合作。

伍尔沃斯的企业愿景就是：伍尔沃斯立志于竭尽全力为所有人提供更大的便

---

① 资料来源：https://www.woolworthsgroup.com.au/。

利、更高的价值、更多的商品以及更好的质量。

从内容上看，可以将这个企业愿景概括为品牌战略，为此伍尔沃斯还确定了"品牌之家"的经营理念，主要内容如下。

伍尔沃斯钟爱品牌，这也是为什么公司 90%的食品杂货店销售的商品都是来自国内深受大众喜爱的知名品牌的原因，也是数千家澳大利亚葡萄酒品牌在伍尔沃斯旗下酒品店销售的原因。为顾客提供多种不同选择必不可少，但为顾客提供全新的购物体验而不断创新产品也至关重要。

除了数万种品牌产品外，顾客还可以信赖伍尔沃斯所提供的更为丰富的质优价廉的自有品牌产品。自有品牌主要包括入门级的基础系列，30 年来这些产品源源不断地为客户创造价值。高品质、高价值的中档产品也是不错的选择。马克罗是一系列创新产品，是号称"于你有益"的有机、天然、散养产品，可让顾客以更少的花费获得更健康的生活。

从形式上看，伍尔沃斯这种针对企业愿景的界定方式是西方英语系国家企业所共有的典型特点，即不对目标做出具体描述，而是针对自身提出更多要求。

与之不同，中国的企业在设计企业愿景时更喜欢使用数据，或者更倾向于将其描述为企业的发展目标，如此企业愿景通常不能指导企业很长的时间，因为数字很具体，目标也不能遥不可及，所以在一个相对的时间内就会实现，或者也有可能无法实现。无论实现与否，此企业愿景都要做出调整，而企业精神文化六要素当中的任何一个都不应该轻易变动，尤其是公司的企业使命和企业愿景。美国很多成功的大企业的企业愿景两百多年都未改变过一个字，举例如下。

（1）埃克森美孚公司的企业愿景：埃克森美孚公司激励人们在我们所处行业的各个领域都要保持领先的优势，那就要求我们公司的各种资源包括财务、管理、技术和人才都能够得到合理的使用以及正确的评价。

（2）波音公司的企业愿景：我们努力工作，为了成就公司航空航天工业领导者的地位。

（3）宝洁公司的企业愿景：成为并被公认为是提供世界一流消费品和服务的公司。

再以三个英国杰出公司为例，来帮助读者感受这些企业在设计企业愿景时所使用的语言风格。

（1）乐购公司的企业愿景：在我们工作的任何地方，我们都致力于帮助顾客、同事和社区过上更便捷的生活。

（2）汇丰银行的企业愿景：我们的目标是成为世界领先和最受推崇的国际化银行。我们的宗旨是将客户与机遇联结在一起以获取成长。我们有能力让业务蓬勃发展、经济繁荣，并帮助人们实现其愿望、梦想与抱负。

（3）联合利华的企业愿景：联合利华有一个简单但清晰的目标，那就是制造可持续的生活用品，我们相信这是确保我们企业长期发展的最好途径。

事实上，很多中国的企业也开始按照以上风格设计自己的企业愿景，这是一种进步，举例如下。

（1）上市公司大通集团的企业愿景：在移动互联与文化创智的大时代，我们大通人用心为社会创造价值，努力帮助客户成长，并且与合作伙伴共同建构通向未来的成功之道。

（2）新三板挂牌公司鑫光正的企业愿景：我们立足世界、放眼未来，倾力打造全球性的现代化管理标杆企业，用心追求成为世界第一的钢结构公司。

（3）富有发展潜力的地方企业禚氏集团的企业愿景：我们的企业愿景是要成为员工热爱、客户喜欢、合作伙伴信任、社会尊敬的既能真心分享价值又能不断创造价值的伟大企业。

3.2　伍尔沃斯的企业宗旨及其设计方式比较

企业宗旨的描述方式主要分为两种类型，一种是界定企业的发展原则，另一种是界定企业与若干相关利益者的关系，这些相关利益者包括客户、消费者、员工、股东、供应商、社区、环境、政府部门、社会等。

笔者建议中国的企业使用第二种方式设计自己的企业宗旨，因为如果恰如其分地处理好了与以上所说相关利益者的关系以后，一个企业想不成功都不可能。当然，不是每一家企业在采取第二种方式描述企业宗旨时都要将这些关系全部进行界定，应该结合企业所在行业的特点、企业自身的特质及企业在其他发展方面的考虑进行描述。伍尔沃斯在其企业宗旨当中就是有选择地界定了与供应商的关系、与消费者的关系、与员工的关系、与股东的关系、与社区的关系，具体内容如下。

（1）与供应商合作密切这一点，一直让伍尔沃斯引以为豪，因为这样，公司才能以最优惠的价格为消费者提供最好的产品。

（2）作为一家拥有 198 000 多名员工的企业，伍尔沃斯对员工的安全孜孜以求，并尽力创造机遇，以让员工充分发挥其潜能。

（3）作为拥有数千家供应商的客户，伍尔沃斯的宗旨是合作、公平和注重互利。

（4）作为对 441 000 多名直接股东负责的投资者，伍尔沃斯力求长期为其创造可持续价值。

（5）作为社区睦邻，伍尔沃斯竭尽所能地成为直接股东在危机中的可靠后盾，并每天做出积极改变。

伍尔沃斯所界定的应该处理的这五种关系是绝大多数英语系大国杰出企业在设计其企业宗旨时通用的选择。其中，处理与供应商的关系可以概括为四个字：密切合作；处理与消费者的关系的方式为"以最优惠的价格为消费者提供最好的产品"，这个描述与企业愿景界定是一脉相承的；处理与员工的关系的方式被概括为"对员工的安全孜孜以求，并尽力创造机遇，让员工充分发挥其潜能"；处理与股东的关系的方式为"力求长期为其创造可持续价值"；对于社区，则要成为"睦邻"。

作为一家多元化连锁企业，如何处理与供应商的关系是重中之重，对此伍尔沃斯还有进一步的界定：伍尔沃斯一直在努力听取供应商的心声，与其精诚合作。之所以这么做是因为和谐与公平的供应商关系可以确保优质的服务，当然顾客也期望公司能够创造价值并能做到就地采购。

超过 80% 的供应商与伍尔沃斯合作超过十年，彼此之间密切合作，为顾客开发新产品并不断创新。

伍尔沃斯与志同道合的供应商积极合作、彼此理念共享、追求发展、追求创新，并希望尽最大努力为顾客提供服务。

一旦供应商对彼此的关系感到不确定时，有多种方法可以让他们摊开问题并且积极解决。2012 年，伍尔沃斯在澳大利亚率先引入第三方管理投诉电话，其目的是专门用于受理供应商觉得无法或不愿通过其他方式来提出的问题。

在企业界定相关利益者关系时，可以将"客户"或"消费者"称作"顾客"，将"股东"称作"战略合作伙伴"，以下可以借助美国埃克森美孚公司的企业宗旨对此加以说明。

埃克森美孚公司的企业宗旨如下。

对于战略合作伙伴：我们承诺不断地提高他们投资的长期价值，以不负他们对我们的信任。通过负责任地运营有利的业务，我们希望投资人能够得到超额的回报。而这种承诺就是我们管理公司的主要动力。

对于顾客：我们会坚持不懈地发挥我们的能力以确保顾客能够一如既往地满意。我们承诺不断地创新和及时地反映，并以最具竞争力的价格为顾客提供高质量的产品与服务。

对于员工：我们优越的工作环境可以为员工提供有价值的竞争优势。基于这种优势，我们会一直努力地去招募和留住优秀的人才，并且通过不断地培训和发展给他们创造最大的追求成功的机会。我们承诺，通过开放的沟通、信任和公平相待可以为员工们提供一个安全的具有多样化和个性化的工作环境。

对于社会：我们承诺在任何地方都保持良好的合作公民形象。我们要坚持高水平的道德标准，遵守法律和法规，尊重当地的以及该国的文化。为了以上这些目标，我们致力于安全且对环境负责任的运营工作。

以上美国埃克森美孚公司采用了一个比较长的企业宗旨描述，下面再举一个长文描述的例子，这次以美国银行为例。

美国银行的企业宗旨：

企业宗旨帮助我们明确如何去管理这家公司以及如何为消费者和顾客提供他们所需要的金融需要。

第一是顾客驱动。我们的一个非常清楚的目标就是帮助个人、公司和机构获得更好的金融服务。我们倾听顾客的需求，把这些需求与我们的公司连接起来并为他们传递解决方案。我们强调使顾客的交流更容易，我们的专家更方便为他们服务，我们之间的关系更加友好。而且，当我们不断取得成功的时候，我们会将之与供应商、我们所在社区和战略合作伙伴进行分享。

第二是为员工提供优异的工作场所。美国银行努力成为一个吸引人才的地方；在这里们我们强调团队合作；在这里每一个人都是负责任且有能力的，他们可以为我们的消费者和顾客提供正确的选择；在这里每一个人都会受到尊重，每一个具有多样化背景的人都能够取得成功；在这里每一个员工都可以尽情地释放其潜能。

第三是管理风险。为了更加有效地管理风险，我们的公司必须变得更加强大，以帮助我们的消费者和顾客一如既往地实现他们的目标，使我们的战略合作伙伴可以一如既往地得到他们的回报。我们在各个方面强化训练以提高我们管理风险的能力，每一名员工都肩负着参与风险管理的责任。

第四是进行卓越管理。

第五是不断地向战略合作伙伴传递价值与回报。

一个企业在描述其企业宗旨或其他精神文化要素的时候，如果采用长文描述，其优点在于不仅能够说明企业处理与相关利益者关系时应该采用的原则和态度，而且还可以给出具体的做法和明确的要求。而其缺点就是难以记忆，对于企业内部人员而言很难记住全文，对于企业外部人员而言，除非其有特殊的目的，否则连其核心内容也不容易记住。

为了规避长文描述的缺点，很多企业选择使用短文介绍其企业宗旨、企业使命、企业愿景等，如加拿大皇家银行在界定其企业宗旨时采用的就是短文描述的方式。加拿大皇家银行的企业宗旨为：助力客户成长和社区繁荣。

很显然，短文描述与长文描述相比确实会让人很容易记住，但同时它的缺点也很明显，那就是其所要表达的意思不够具体和深入，如加拿大皇家银行关于企业宗旨的这个描述确实非常短，也一定会让人看一眼便有可能记住，但是其所界定的相关利益者只有两个，即客户和社区，这显然不够全面，而且也只是指出了企业要重点关注的相关利益者是谁，如何关注却只字未提，这对于指导实际的工作缺少明确的路径。

　　既然如上所述，长文描述和短文描述各有其优点与缺点，企业在具体设计相关理念时应该如何选择呢？这里有两条建议，其一是可以做到长短适中，其二是尽量使用简洁达意的关键词汇，下面各举一个中国企业的例子加以说明。

　　大通集团的企业宗旨：常怀感恩之心，常思回报之志。我们感恩客户、股东、社会，感恩员工、同事、企业，受人滴水，报以涌泉，知恩图报，共创共享。

　　禚氏集团的企业宗旨：我们要做到"四真四共"，对员工要真挚关爱，共同成长；对客户要真诚合作，共同进步；对伙伴要真切互利，共同发展；对社会要真心尽责，共创未来。

3.3　伍尔沃斯的企业价值观及其设计方式比较

　　在《美国杰出公司企业文化研究》当中，笔者曾经把英语系国家所重视的企业价值观与中国企业所重视的企业精神做过比较，比较的结论是英语系国家所使用的企业价值观等同于中国企业所说的企业精神。而中国企业在描述企业精神时比较喜欢使用词语，或者两字词，或者四字词；而英语系国家的企业在界定企业价值观时有两种方式，一种方式也是使用词语，还有一种方式是语句描述，伍尔沃斯在描述其企业价值观时就使用了后一种方式，具体内容如下。

　　伍尔沃斯是一家公认的坚实可靠、脚踏实地、以家庭为导向的公司。公司重视道德价值，强调勤勤恳恳、负责任的文化，大多数高管都是从基层做起，所以从收银台到董事会这些价值观都是一以贯之、无处不在的。

　　伍尔沃斯追求公开、诚信、公平和透明的原则。以客户为本是公司业务和决策的核心考虑因素。

　　公司关心员工，重视供应商并尊重所服务社区。因而，十九万名员工共同组成一个大家庭，家庭成员长期同舟共济。

　　公司以效率高和后勤保障突出而被广为认可。

　　从内容上看伍尔沃斯的企业价值观，其中充满了正能量，也宣扬了普世价值。下面再从形式上来分析一下，解读以上文字可以梳理出如下一些关键词，如重视道德、勤恳、负责任、公开、诚信、公平、透明、以客户为本、效率等，如果没有这些关键词作为支撑，人们就很难理解伍尔沃斯的发展诉求，也不可能在短时间内搞清楚其在价值观方面的坚守。可是有多少人愿意在看到这些文字时去花时间挑选其中的关键词呢，相信有如此行为的人不会太多，因此，这样设计公司的企业价值观不容易引起人们的共鸣，所以并不是非常理想的模式。

因此，笔者建议中国企业在设计自己的企业精神时，可以分两步走，第一步先界定出若干个关键词，第二步针对已选关键词给出具有自家企业特点或者自家老板风格的注解。在实际使用过程当中，员工与外部人员只需要记住关键词即可，不需要记住全部注解的内容。而注解内容又不可或缺，它要发挥的作用就是帮助人们更好地理解或把握这些关键词所要表达的真实用意。

下面以两个中国企业为例，帮助读者感受一下这种设计思路。

（1）宝博集团的企业精神是"敬业，诚信，创新，共赢"。

敬业是一种态度——态度决定行动

敬业是一种态度，是对自己、对他人、对家庭、对企业、对社会的一种感恩和一种责任，它决定着你的行动和行动以后所产生的后果。以感恩的心坚守这种责任就会有所回报，来自企业源源不断的回报，来自同事和朋友真诚的回报，来自家人无私的回报。有了这样一份回报，你才能踏实地工作和快乐地生活，你就会因为敬业而感觉到稳定和持续的幸福。

诚信是一种品质——品质决定成功

诚信待人，可以赢得他人的尊重，而广受他人的尊重会让你每天都心情舒畅，这是人生应该追求的理想状态。此外，只有你对人诚信，别人才会对你诚信，有了这种相互之间的信任，所有的合作就能愉快地进行。所以诚信不仅是一种品质，还是一种资源，是一种财富，是每个人不断成功的重要保证。

创新是一种动力——动力决定速度

墨守成规地工作会让人感觉枯燥乏味，而有创意地工作会让人精神振奋，它同时也是敬业的一种最高表现。个人追求创新可以不断地、快速地进步，企业不断创新就会创造更多的价值并且更快地创造价值，而这些以创新为动力所创造的价值必将为企业全员所分享，个人也会因为不断的创新而更快地追求成功。

共赢是一种境界——境界决定未来

做事情的逻辑不是你好了别人才能好，而是别人好了你会更好，而大家都好了，天下就没有做不成的生意和事业。企业有生意，员工有保证；个人有事业，家庭有保证；客户有发展，未来有保证；未来有希望，所有人的幸福生活就都有了保证。所以，追求共赢不仅是一种境界，还是个人与企业不断成功的源泉。

（2）大通集团的企业精神是"团结，进取，务实，创新"。

关于团结：我们新汇四方人才，共谋企业长足发展，所以人才之间的团结与互助非常重要，只有思想上统一，行动上团结，彼此支持，我们才能共同打拼天下。如果我们不能有效地团结和互相帮助，就只能成为一堆没有用处的散沙，受害的除了企业以外，当然也包括我们自己。

关于进取：我们的人才应该像狼一样战斗，富有进取心，有韧性，不怕吃苦。如果不是这样，我们就成不了精英，就不能在精英荟萃的行业里谋求发展。那些自以为看透了世界，看开了天下，看明白了人生，坐而论道，不求进取的人，谁能说他们是真正的智者。他们最终并没有成功，也很难成功。

关于务实：虽然我们胸怀凌云壮志，但同时也要脚踏实地，在抬眼望天的同时，必须坚实迈好企业发展与个人成长的每一步。那些只想获取不愿付出，想得多做得少的人，也认为自己务实，可是这种务实就像没有源的水，迟早会变成沙漠。

关于创新：时代在变，市场在变，理念在变，模式在变，服务在变，一切都在发生改变。在这个变革的时代里，只有对于创新的要求始终不变，所以我们要有创意地发展，要在创新的过程当中创造。固守一小块天地而不去开疆拓土，那么即便是精耕细作我们又能打出多少粮食。退一步不是海阔天空，进一步才有无限可能。

3.4　伍尔沃斯应对时代及变化的战略与策略

以下这些资料可以间接地回答四个问题，而这四个问题一直都是中国企业家比较感兴趣的话题。

第一个问题：一个有着百年历史的企业是如何成长起来的？

第二个问题：成长为百年企业的动能是什么？

第三个问题：一个百年企业或是一个成长中的企业应该如何适应和善用时代的变化？

第四个问题：一个优秀的企业最应该看重的东西是什么？

这些资料是伍尔沃斯应对网购时代及各种变化的战略与策略，它所描述的内容对于中国人来说是再熟悉不过了，因为在这方面我们是全球最发达国家。所以，在此列出这些资料的目的不是要探讨网购、移动支付、现代物流、线下与线上互动、实体店应对互联网的冲击之法，而是要回答以上四个问题，或者也可以将其概括为一点，即一个优秀的可持续发展的企业是如何在不断地适应环境变化的过程中取得成功的。而如果读者所在的企业恰巧也属于零售领域，那么其中的一些做法还可以借鉴。

这些资料的内容是：

Retailing never stands still—that's what makes it so exciting and dynamic. Right now we're in a period of substantial change as customers seek greater value and have more choices at their fingertips than ever before. Customers are now firmly in the driving seat of our business and their decisions and shopping behavior are changing the way we operate.

Woolworths is responding to this new era by laying the foundations for a new phase of growth and opportunity. We put the customer at the heart of our business, listening to what they want and creating new and innovative ways for them to shop with us.

Customers now have the ability to shop when, how and where they want and that ability is literally in the palm of their hand. Mobile technology is rapidly changing how we view our world and giving us access to products and prices from around the world. We've recognized we need to keep up and understand that customers want to move seamlessly and effortlessly between physical and virtual stores to shop in a way that suits them.

Every Woolworths business is becoming multi-option by using websites, mobile apps, virtual stores and new delivery options to complement our stores.

Woolworths serves around 28 million customers every week. We know they have a lot of choices about where to shop, so we have to work hard to earn their custom and reward their loyalty.

With more than 9 million members and a unique money-off proposition, Woolworths Rewards is Australia's most attractive supermarket loyalty program. It gives members the ability to earn Woolworths Dollars and get money off their shopping, as well as exclusive access to a wide range of offers and promotions.

We talk to our customers all the time. And we do a lot of research to find out what they think of our stores and to learn more about what we can do differently. More than ever before, we are using this information to make decisions and changes that will improve our customers' shopping experience.

Customer Talkback is a new initiative where we hold customer focus groups around the country. Customers get the chance to give frank feedback direct to their store team and we get a better understanding of what they like and what we can do better. Often, it's the small, easy changes that can make the biggest differences to customers and we're only too happy to make them happen.

A few changes we are already implementing are better bag packing and larger bags at self serve checkouts, more half sized trolleys, an up to date store directory in every aisle and better seasonality information for fresh food.

People often ask us what we do with the information we obtain from our

Woolworths Rewards loyalty program. We put it to good use by personalizing offers, making them more relevant to our valued members. It also gives us a much better understanding of how customers actually shop. We use this information to improve what we do, make more space for new products and stock the right range of products in the right stores at the right time. For information on how we may collect, hold, use and disclose your information, please see the Woolworths Rewards Privacy Policy.

Woolworths is bringing all the theatre of a sushi restaurant to a supermarket near you. You can now pick up fresh handmade sushi from in store expert chefs, the perfect healthy choice for lunch, dinner or even parties.

Fish, Bag and Bake is a fantastic in-store development that is encouraging Australia's fish loving consumers to feel confident cooking seafood at home. Simply pick your fish fillet from our seafood counter, choose a tasty sauce for no extra cost and we'll seal it in a bag ready for you to just put straight in the oven. Voila – no mess, no fuss, restaurant quality seafood at home.

Woolworths was the first national supermarket to stock Meat Standards Australia （MSA）beef and lamb. This means the meat has been specially graded and certified to guarantee its eating quality. Look for the label to get the most juicy, tender Aussie beef and lamb every time.

将以上资料翻译成中文意思是：

零售业从不会停滞不前——这就是它如此使人振奋并充满活力的原因。目前，我们面对的变化更是天翻地覆，顾客寻求更高的价值，指尖一动，便有更多选择。客户在我们的业务运营中占据着坚不可摧的地位，他们的决定和购物行为是我们经营方式的风向标。

伍尔沃斯正在为这个新的时代未雨绸缪，为新的发展机遇奠定基础。我们以客户为中心，倾听其需求，并为其创造新的购物体验。

顾客现在可以决定何时、何地购买何种商品，并且只要指尖轻动就可以轻松购物。移动技术正在迅速地改变我们理解世界的方式，也让我们可以轻易了解世界各地的产品及价格。我们已经认识到我们必须要跟上时代，理解客户诉求，即实现实体店与虚拟店之间无缝对接的更为便利的购物方式。

伍尔沃斯各项业务都有多种经营方式，网络销售、移动应用、虚拟商店和新的交付手段都已成为我们实体店的有益补充。

伍尔沃斯每周接待超过2 800万名顾客。我们深知这些顾客还有很多其他购物选择，因此我们必须不懈努力，使其把到伍尔沃斯购物变成习惯，而我们要不断回报他们对伍尔沃斯的忠诚。

九百多万名会员和独有的优惠政策使伍尔沃斯回报基金成为澳大利亚最有吸引力的超市忠诚度项目。会员们不但可以赢得伍尔沃斯奖励金、购物打折，而且还可以专享各种各样的优惠和促销活动。

我们随时随地与顾客交流，做了大量研究以了解他们对我们门店的看法，并尽可能多地了解如何做才可以使我们脱颖而出。我们比以往任何时候都更充分地利用这些信息来做出决策和改变，从而改善顾客的购物体验。

客户回访是一项新举措，公司在全国各地都成立了客户服务中心。顾客可以直接向门店负责团队反映情况，从而使公司可以更好地了解顾客喜好，明白如何做才能更好。通常情况下，小而容易的变化会给顾客带来最大的差别感受，对此，我们当然乐意为之。

我们已经做的改变有：换上更好的包装袋，在自助结账台提供更大的袋子，推行一半尺寸大小的购物车，在每个购物通道展示最新商品目录和生鲜食品时令性信息。

人们经常问伍尔沃斯如何处理从忠诚度奖励计划中获得的信息。首先，我们利用这些信息提出个性化提议，这些提议与我们重视的会员息息相关。其次，这些信息也让我们更好地理解客户是如何购物的。最后，我们用这些信息来改进我们的日常业务，为新产品创造更多的空间，并适时适地储备合适的产品。有关我们如何收集、保存、使用及披露这些资料的信息，请参阅"伍尔沃斯奖励私隐政策"。

伍尔沃斯正在把琳琅满目的寿司餐厅带到你家附近的超市。你现在可以从店里的专业厨师那里买到新鲜的手工寿司，这绝对是午餐、晚餐甚至派对的最佳选择。

"鱼+袋+烤"绝对是一个奇妙的门店创意，它给澳大利亚的爱鱼食客足够的信心在家里烹饪海鲜，只需从我们的海鲜柜台挑选鱼片，选择免费的美味酱汁即可。我们会把它封存在一个袋子里，让您直接放进烤箱。瞧，没有脏乱一片，没有手忙脚乱，在家就可以轻松享用餐厅里的优质海鲜。

伍尔沃斯是全国第一家具有澳大利亚肉类标准（meat standards Australia，MSA）的超市。这就意味着，这里的肉类已经进行了分级和认证以确保其食用质量。您可以查看标签来选购最多汁、最鲜嫩的澳洲牛羊肉。

3.5 伍尔沃斯的企业管理及其解读

上市公司的管理通常是比较规范的，或者它们被要求进行更为规范的管理，关于这一点全世界的做法都差不多。而规范的管理首先离不开规范，这里所说的规范或者是政策指导，或者是管理制度汇编。

中国的企业习惯于把规范的管理做成管理制度汇编，而英语系国家的杰出企业则喜欢用政策体系来称呼它们，这两者在内容上有很多共通的地方，只不过政策体系的说法可能更加宽泛，它不仅包括制度，而且还包括企业的组织架构、权力分配、公司章程、行为准则、议事程序等。

伍尔沃斯的治理框架和惯例做法载于若干重要文件和政策中。下文列出了这些文件和政策的摘要以及文件、政策和章程的副本。

（1）公司管理声明。

每年伍尔沃斯都会发布一份公司管理声明。该声明列出了董事会通过的公司管理框架，并重点介绍了董事会及其各委员会在上一个财年开展的工作。

（2）公司章程。

目前的伍尔沃斯管理章程于 2007 年 11 月 16 日在公司年度大会上获得通过，并经 2009 年 11 月 26 日和 2010 年 11 月 18 日年度股东大会两次修订。本章程概述了公司管理规则与原则。

（3）董事及管理。

董事会代表股东监督公司运营，维护公司管理正常进行。各种管理决定和具体业务由管理委员会负责。

关于董事会和管理委员会作用和组成见下文。

董事会章程：董事会的职责是代表股东监督并评价公司战略、政策及业绩，为股东利益服务。董事会通过"董事会章程"，其中规定了如何根据良好的公司管理原则、国际最佳案例和适用法律行使其作用、权力与责任。

董事会委员会：董事会有三个常设委员会，协助其履行职责。这些委员会协助董事会工作，这样各董事就能专注于具体职责、责任领域，委员会还要向董事会报告所做出的决定和所采取的行动，并向董事会提出必要的建议。

董事会各常设委员会以及每个委员会的作用和责任摘要如下。

风险控制

伍尔沃斯能否持续发展和成功取决于公司是否能理解和应对来自这个充满不确定性且不断变化的世界的挑战。伍尔沃斯是个庞大、分散而且繁杂的组织，这种不确定性会对其产生风险，这种风险既有可能成为机遇也可能变成威胁。公司通过不断了解并管理风险，为所有利益相关者提供更大的确定性，使其信心十足。

以下是伍尔沃斯风险管理政策的副本。

行为准则

为保障公司在与客户、供应商、员工和当地社区打交道时遵守最高法律、道德和伦理标准，每一位伍尔沃斯员工都承诺遵守公司行为准则。该准则概述了公司员工如何通过其日常行为和选择达到最高标准。

持续公开信息政策

伍尔沃斯通过了持续公开信息政策。该政策的目的是：①协助公司遵守2001年澳大利亚"公司法"和澳大利亚证券交易所上市规则规定的持续信息公开义务；②建立一个机制，使伍尔沃斯能够及时、直接和平等地向股东及市场提供公司相关信息；③通过其董事和员工申请公开信息程序，促进投资者对伍尔沃斯诚信经营及其证券的信心。

伍尔沃斯的持续信息公开政策如下。

证券交易政策

伍尔沃思重视公司在管理、合规性和证券公平交易方面的良好声誉。伍尔沃斯证券交易政策促进和维护了公司的声誉。

该政策概述了内线交易的相关法律，并详细说明了该公司对伍尔沃斯和其他公司适用情况下证券交易的要求。本政策适用于集团董事、高管、员工，以及某些顾问和承包商。

该政策的目的是：①确保所有伍尔沃斯人员在任何时候都遵守法律；②确保伍尔沃斯员工的证券交易，特别是与其他有关实体交易的内幕信息是无可非议的。③该政策还旨在协助伍尔沃斯公司信息公开及报告要求。

多样性政策

伍尔沃斯致力于建立一个包容各方的工作场所，关注原住民和残疾人士就业、机会均等和管理层女性比例等一系列举措，旨在支持和促进多样性文化。公司重视、尊重和利用具有不同背景、经验和观点的员工的各自优势，为同样多样化的社区提供卓越的客户服务。

股东沟通政策

公司要确保股东随时了解影响公司状况的所有重大事态发展。此外，公司认识到潜在的投资者和其他利益相关者可能不时需要公司的信息。

"股东交流政策"指出，要通过一系列论坛和出版物定期向股东和其他利益相关者传达信息。

事实上，以上伍尔沃斯的相关性内容既适用于上市公司，也适用于有一定规模的非上市企业，上市与否不应该成为界定一个企业是否应该规范管理的条件，所有想谋求大发展的企业都应该向管理非常规范的企业努力学习。

借鉴这些企业管理规范的内容和规范的管理程序才是正确的态度。

没有这样的态度，任何企业都很难走得太远。

3.6　伍尔沃斯的员工管理及其解读

员工管理虽然也是企业管理的内容之一，但是因为相对于其他管理类别而言，它的重要性尤其突出，所以在此要单独介绍一下伍尔沃斯的员工管理思想与方法，以下是这方面的资料。

伍尔沃斯在澳大利亚、新西兰、中国和印度雇用了198 300多名员工，他们分别在门店、行政支持部门和配送中心等处工作。零售业是一个高度以人为本的行业，这就是为什么伍尔沃斯不断从澳大利亚乃至全世界网罗最好的零售人才的原因，这对企业获得成功举足轻重。

伍尔沃斯对员工充满热情，并乐于全力以赴地帮助员工发挥其潜能。2013年，公司投入了3 220万美元来促进员工学习和发展。

员工对于公司的忠诚让伍尔沃斯感到自豪，公司著名的"25 年工龄员工俱乐部"的成员已经超过六千多人。

当然，在伍尔沃斯工作不仅仅意味着在门店工作，公司许多业务如信息技术开发、物流和供应链管理以及建筑、财产管理、法律、金融、人力资源、采购和营销等业务都处于同行业发展前沿位置。

针对以上资料进行解读，可以得出如下三个结论。

（1）一个优秀的跨国企业应该广纳全世界最优秀的人才，尤其是应该尽可能吸收本土化的人才，关于这一点已经基本上成为一个共识。

（2）激励员工学习永远是一件对企业有百利而无一害的明智决策，投入越多，回报越大，但企业在做这件事情的时候不要急功近利，虽然立竿见影的效果可能存在，但是远不如其长期回报更多更大。

（3）员工对公司的忠诚度可以借助其效力于企业的时间长短进行判断，如果措施得当、管理得法，所有员工都不愿意离开企业，都能够在企业长时间地工作，这时所谓的忠诚度自然就生成了。

为了进一步说明以上第一条结论，以下再介绍一些伍尔沃斯在员工多样性管理方面的做法，它不仅强调要重视国际多元化的员工，而且还非常重视本土员工的多样性，以及为了体现企业员工多样性公司所采取的多种措施：无论是想要找一份长期工作，还是希望获得一项技能、需要一份临时工作，或者只是需要一个机会，伍尔沃斯都可以提供，在伍尔沃斯，公司力争打造一支更为多元化的员工队伍。

伍尔沃斯是澳大利亚首家引入带薪育儿假的全国性零售商，仅在 2013 年，就有2 278名员工享受了育儿假。同年，在新任命的234名行政人员中就有91名（38.9%）女性。

2012 年，伍尔沃斯与澳大利亚政府签署了具有里程碑意义的协议——"新起点协议"，此协议的重点是鼓励不同背景的人参与工作，包括原住民工人、残疾人、老年人和长期失业者。与此同时，他们将被给予新的就业机会、技能培训和发展培训。

自 2011 年 6 月启动"和解行动计划"以来，伍尔沃斯原住民员工数量已从 2012 年的 949 人上升到 2 506 人。

该计划有助于缩小澳大利亚原住民与非原住民之间的距离，它建立在"四条核心原则"基础之上：

关系——与主要利益相关者群体和社区负责人建立并加强积极的工作关系；

尊重——加深企业内部文化理解，制定适当的规定和政策来推进计划；

机会——继续扩大澳大利亚原住民及托雷斯海峡岛民在伍尔沃斯获得的就业培训机会、教育机会和商机。具体措施包括正式和非正式地接触工作项目，与原住民开办的小企业合作，社区投资项目，以及为原住民顾客较多的商店开发更合适的产品等；

报告——监测进展情况，追踪有效成果，并持续与利益攸关方协商。

为了进一步说明以上第二条结论，再介绍四点伍尔沃斯关于员工培训方面的做法和项目，其中内含的思想依然还是"在员工学习方面的投入多多益善"，具体如下。

2013 年，伍尔沃斯共雇用了 2 790 名学员和见习生。

2013 年，全公司 66 万多人次参加了 845 个课程培训，这意味着仅这一年伍尔沃斯在培训员工方面就投入了 3 220 万美元。另外，公司通过麦考瑞大学管理学院开办学术项目，其目的是增强员工职业发展潜力，并促使其领略公司以外的现代商业思想。

"研究生计划"提供了若干从大学过渡到职业岗位的就业机会，毕业生在不同的业务部门和职能部门轮换岗位，并不时地得到职业发展和项目工作机会。2013 年，共有 68 名毕业生积极参与了此计划。

伍尔沃斯还为有发展意愿的员工提供指导与交流。"管理和领导力快速通道项目"就是为运营部门的员工开发的项目，其目标是培养技术熟练的零售人员，重点培养其多种品牌经验和多样化思维，着重为今后的管理和领导岗位确定和培养人才。

3.7 伍尔沃斯的企业责任及其解读

很多时候，论及企业责任会让企业家们感到迷惑，同时会产生无形的压力，往往在他们还没有搞清楚企业责任的具体内涵时，便已经产生了责任重大的心理感受，这是不对的。

什么是企业责任？做好企业的本分就是承担了企业责任。

可什么是企业本分呢？关于这一点可以结合伍尔沃斯所理解的企业应该承担的五种责任进行领会，具体如下。

1. 公平合作

伍尔沃斯致力于保持长期、互利的合作关系，使顾客始终能够获得最高品质的产品。公司与各第一产业的供应商建立了长期牢固的直接供货关系。例如，在生鲜食品方面，大多数供应商已经与伍尔沃斯合作了10多年，其中一些供应商与公司合作超过30年。

伍尔沃斯不断提高、增加透明度并实施问责制。公司绝不容许在工作场所有任何不当行为，与贸易伙伴合作时，也杜绝有特殊状况发生。贸易伙伴要报告问题都要依照明确、完善和公认的程序进行。制度总是需要完善的，在常规程序逐次用完或情况不适用时，公司会为贸易伙伴提供公开服务。

2. 负责任采购

伍尔沃斯力求通过店内店外负责任的采购来赢得客户的信任和尊重，让顾客做出明智的选择。顾客的价值观等同于企业的价值观。无论是买还是卖都要负责任。采购要具有可持续性并合乎道德标准，还要确保质量和安全。

3. 澳大利亚的生鲜食品

伍尔沃斯为澳大利亚人带来的品质卓越的生鲜食品及价值一直是这家企业引以为傲的历史。顾客购买生鲜食品也充满自豪，因为他们以行动在支持一家出色的澳大利亚公司，在支持澳大利亚农民，支持供应商。

作为一家充满自豪感的澳大利亚公司，伍尔沃斯坚持不懈地全面参与到所在社区方方面面的活动中：员工中有 11 万多人是澳大利亚人；企业的供应商中包括数以万计的当地农民和生产商，每年做出的间接经济贡献约六千亿美元；顾客随时都可以购买到高质量、高价值的食品。

4. 真诚服务

伍尔沃斯相信无论店内还是店外，只有负责任的行为才能赢得顾客的信任与尊重，并使他们做出理智健康、合乎道德并对环境负责的决定。公司在努力倾听顾客心声，与利益相关方通力合作，为企业、为社区、为社会的利益贡献一份力量。

　　为此，伍尔沃斯注重以下原则和做法：负责任地进行买卖；注重采买的可持续性并合乎道德准则；确保质量和安全；以顾客健康和福利为中心，为其提供高价值的产品及更多选择。

　　伍尔沃斯已承诺全公司在所经营地区对自己所有行为有所担当，这包括：①健康与福祉。伍尔沃斯是澳大利亚政府食品与健康对话组织成员，该组织与工业界合作，自愿重新配制包括面包和麦片在内的常见食品。②负责任地销售酒类。作为一家负责任的酒精饮料零售商，伍尔沃斯不仅遵守法律法规，而且主动帮助、保护个人和社会，使其免受过度饮酒产生的伤害。③负责任的购买。伍尔沃斯承诺公平交易、理智行动，与所有贸易伙伴通过磋商达成共识。对于合作伙伴，企业孜孜不辍，追求公平交易；对于顾客，企业竭尽所能，使其物有所值。

　　5. 一个安全购物和工作场所

　　伍尔沃斯认为，确保员工工作安全和顾客购物安全至关重要。安全是伍尔沃斯核心价值观之一，在公司业务中极其重要不可或缺。

　　伍尔沃斯的理想是"零目标"，意思是对员工、对环境和所服务社区零伤害。企业正在努力朝这一目标前行，为实现让员工充满敬业精神，提高全行业领导力这一目标精进不休。

　　伍尔沃斯的理念是：没有什么任务或服务紧迫到、重要到需要用时间和安全来换取。

第4章　澳洲联邦银行的企业文化
与企业管理[①]

　　本章要研究的是澳大利亚第一大公司澳洲联邦银行，它在2015年的时候在国内排名还只是第五，位列必和必拓、西农公司等企业之后，而现在却已经发展成为澳大利亚最有实力的企业，其在世界五百强上的排名于近三年内更是前进了一百多位。

4.1　澳洲联邦银行的企业简介与企业愿景

　　澳洲联邦银行是澳大利亚最重要的企业之一，集团在 2015 年的税收支出就已经超过了 30 亿美元，这使得它成为澳大利亚第二大纳税企业，集团员工5 2000 多人，每年支出薪资超过 58 亿美元。

　　作为澳大利亚一家重要的金融机构，澳洲联邦银行在促进经济和社会发展、助力就业、支持经济增长、提高创新以及为澳大利亚和本地区人民与企业创造机会等方面发挥着重要作用。

　　澳洲联邦银行针对其企业愿景同样采用了西方英语系国家杰出公司常用的描述方式，即 "不遗余力地确保和提高员工、企业和社区的金融状况"（The Commonwealth Bank's vision is to excel at securing and enhancing the financial wellbeing of people，businesses and communities）。

　　这样的企业愿景不是那种遥指未来的蓝图，而是结合实际的明确要求，它虽然看上去有点不够具体，但是也反映了这家企业的行业特点。

　　为了进一步界定其企业愿景，澳洲联邦银行又以描述企业战略的方式对之进行了补充，这样的做法也是西方英语系国家杰出公司尤其是英国企业经常采用的

―――――――――
　　① 资料来源：https://www.commbank.com.au/。

界定方式，即先行给出一个看上去似乎并不具体的企业愿景，然后再以企业战略将之进一步具体化。

澳洲联邦银行的企业战略是全力以赴为客户、股东和员工创造长期价值，而首要任务是以客户为中心，也就是要把客户放在一切行动的中心位置，以加强其财务状况。澳洲联邦银行认为，公司要坚持以客户为中心这一原则，必须依托以下四个方面来实现，即技术、员工、优势和生产力。

分析澳洲联邦银行对于企业战略的描述，它看上去更接近于本书研究系列所界定的企业精神文化六要素当中的企业宗旨，其主要的用意是回答如何主动处理与相关利益者的关系。

4.2 澳洲联邦银行的企业价值观及其解读

为了达成企业愿景，澳洲联邦银行认为其员工应该拥有体现自己业务方式的价值观体系，共五个方面：诚信，协作，卓越，问责，服务。

关于"诚信"，这是一个老生常谈的话题，而且也是多数杰出企业必谈的话题，它的重要性不言而喻。

对此，孔子有过极精炼的概括——"人无信不立"，借用孔子的这句话来描述诚信在企业当中的作用就是"企业无信不立"。

了解世界范围内伟大企业的发展历史可知：没有一个伟大的企业会在诚信问题上犯错误，也没有一个经常在诚信问题上犯错误的公司会成为伟大的企业。

这似乎是一个简单的道理，也似乎就是一个铁律。

可是，经常有企业会去违背这一规律。

为什么呢？其实原因很简单，那就是这些企业为利益所诱惑，顾了眼前而忽视了以后。

忽视了以后，还能够有以后吗？

关于"诚信"的价值观，有的西方大国杰出企业也会把它拆分成两个，一个是"诚"，即"诚实"；一个是"信"，即"信任"。

"诚实"是对自己的要求，"信任"是对他人的尊重。

例如，美国的雪佛龙公司就是这样做的，这家公司所设计的企业价值观共有七个方面，分别是诚实、信任、尊重多样性、重视独创性、合作、人与环境优先、追求优秀的绩效表现。其中，"诚实"和"信任"就是这家公司排名第一和第二的两个重要价值观。

在本书研究系列所选择的杰出企业案例当中，如美国的威瑞森电信、波音公司，英国的联合利华、金巴斯集团，加拿大的乔治威斯顿公司、Enbridge 公司，以及澳大利亚的必和必拓、伍尔沃斯等都在其企业价值观当中明确提出了"诚信"的要求，而且多数企业还把它设为第一价值观，也就是相当于我们中国企业所说的核心价值观，由此可以看出它的重要性。

多数中国企业对于"诚信"也是非常看重的，有的将之设计在企业精神里，有的将之设计在企业理念里，有的将之设计在核心价值观里，还有的将之界定在基础性工作理念体系当中。

例如，宝博集团将"诚信"列为排在第二位的企业精神，其具体描述如下。

诚信是一种品质，品质决定成功。以诚信待人，可以赢得他人的尊重，而广受他人的尊重会让你每天都心情舒畅，这是人生应该追求的理想状态。此外，只有你对人诚信，别人才会对你诚信，有了这种相互之间的信任，所有的合作就能愉快地进行。所以诚信不仅是一种品质，还是一种资源，是一种财富，是每个人不断成功的重要保证。

青岛琅琊台集团将"诚信"列为企业精神的第三位，其具体描述是：诚信是金，是一种品质。对人诚信，受人诚信，是最幸福的事情；对人诚信，一如既往，是最快乐的事情；以诚信待人会赢得他人的尊重，巩固与他人的合作关系，所以诚信还是一种资源，是一种财富，是一切行为得以实现的保证。

雄风实业公司将"诚信"设计在其企业理念当中，其企业理念包括四个方面，即诚信、严谨、务实和创新。

上市公司大通集团将"诚信"融于其核心价值观当中，即基于诚信正直的态度和高效廉洁的作风，在帮助他人成功的同时不断超越我们自己。

禚氏集团将其单独设计为一个工作理念，即"诚信理念"，其具体描述是：人无信不立，如果你希望得到别人的信任，就一定要让别人信任你做的事情。

关于"协作"的价值观，有的企业称之为"合作"，也有的企业称之为"团队配合""协同""相互支持，共同发展"等。对于中国企业而言，通常不会选择"协作"这个词语来描述其价值观，而是更喜欢使用"团结"来表达这方面的意思，而且更乐于将之融于团队建设与团队管理工作当中进行描述。

以销售西班牙红酒的杰茜三源国际贸易有限公司为例，其企业理念是这样界定的：公司坚持以下十六个字的企业发展理念：即时决策，精准运行，团队协作，奖罚分明。我们深信，在这十六个字的工作理念指导下，我们的团队可以为中国的消费者提供他们最想要的最上乘的红酒和服务。

再以大通集团为例，在其企业精神当中共有四个方面的界定，分别是团结、进取、务实、创新，其中关于团结的描述所要表达的意思就是澳洲联邦银行的企业价值观中"协作"所要表达的诉求，具体描述如下：大通集团新汇四方人才，共谋企业长足发展，所以人才之间的团结与互助非常重要，只有思想上统一，行动上团结，彼此支持，我们才能共同打拼天下。如果我们不能有效地团结和互相帮助，就只能成为一堆没有用处的散沙，受害的除了企业以外，当然也包括我们自己。

"协作"的意思非常容易理解，而要做到并达成"协作"的效果却非常困难。为了更好地"协作"，或者更好地将"协作"这一价值观变为员工的自觉行动，所有当事人必须搞清楚四个问题：与谁协作，协作什么，如何协作，为什么要协作。

如果这四个问题都有了答案则可以比较明确地解决利益分配的问题、目标设置的问题、人员结构的问题、团队领导与沟通的问题、团队运作方法的问题，而这些问题都解决了，良好的"协作"关系便建成了，而且还会一直有效地维系下去。

关于"卓越"这一价值观，中国企业通常会使用"追求卓越"来描述，这是语言表达习惯上的不同，但其中内含的对企业和员工的要求是相同的。

关于"问责"这一价值观，是澳大利亚企业普遍比较重视的内容，如必和必拓将之设定为第六价值观，西农公司将之设定为第三价值观，而此处澳洲联邦银行将其列为第四价值观。

在中国企业当中，一般不会把"问责"视为一个价值观或等同为企业精神，它通常会是一种要求，而这种要求一般会出现在基础性工作理念当中。

以禚氏集团为例，相关于问责的内容出现在其基础性工作理念的第四条当中，称为"工作理念"，具体内容是：责任明确，积极工作，相互配合，任务落地。

其具体要求是如下。

责任明确：企业安排的工作，对应部门负责人全权负责；第一接触到问题的人在没有找到解决办法或者有其他人接手时要负责到底。

积极工作：目标明确，方法得当，不怕困难，开拓创新。

相互配合：所有需要各个部门相互配合的工作，由办公室负责牵头，并督导实施，对于不配合或者不认真配合的人与部门要给予处罚。

任务落地：每个部门，每个班组，周一例会安排的任务必须及时推进，所有的工作与任务都要落实到具体人员，任务没有完成的由具体人员负责，任务交代不清楚的由其上级领导负责，哪个环节出现问题哪个环节负责，具体环节问题出现较多的由其领导负责。

有了如此具体的要求，就使得"问责"能够做到前后呼应，有路径可走。如此，相关责任方非常明确，也比较容易落地。

关于"服务"这一价值观，鑫光正钢结构有限公司董事长认为，它是一个企业应该坚守的四大意识之一，其他三个方面的意识包括价值的意识、契约的意识和利他的意识。这四个意识共同构成了一个企业发展的理念基础，可以为一个企业追求成为伟大公司提供全面的精神指导。

大通集团基于向内审视的角度，将"服务"的价值观融入其第十一条基础性工作理念当中，具体内容是：管理就是服务，服务首在沟通。

在澳洲联邦银行的价值观体系当中，除了明确提出要做到诚信、协作、卓越、问责和服务以外，还有两点也为其所重视，那就是：①决策要透明，并且客观公正；②要尊重他人，要平等待人。

决策透明的关键在于让更多的人参与决策或者为决策者提供更多的建议，客观公正的关键在于建立健全的审批、议事程序，建立完善的管理制度，力争使所有的人和事都能够在规范当中行走或运作，以尽量减少一人定众人随，一人今日定明日改而众人不知如何相随的情况出现。

尊重他人的关键是尊重他人的才华，如此可以给予人才施展的平台；平等待人的目的还是为了公平与公正，此外也是为了要赢得他人的尊重。

关于尊重，澳洲联邦银行是将其与多样性和包容性联系在一起理解的，关于这一点，后面还将专门论述。

4.3　澳洲联邦银行的员工管理及其解读

澳洲联邦银行的员工管理工作首先体现在其对于员工的重视上，而这种重视是与公司的企业愿景进行有机结合的。正如前面作者所分析的那样，澳洲联邦银行的企业愿景类似于其企业宗旨，此外还包含着企业使命的界定，而这三者无疑是企业精神文化当中最为重要的内容，也是指引一个企业发展的主要思想，其他所有的工作理念以及制度设计都必须围绕这三个方面进行推进，员工管理的理念设计与具体的工作模式当然也不例外。

澳洲联邦银行集团意识到吸引、留住和培养高素质人才在实现其愿景（不遗余力确保和改善个人、企业和社区金融状况）的过程中至关重要。为了实现这一愿景，澳洲联邦银行认为应该全力以赴确保遍布世界各地的所有员工都能精诚奉献、积极进取且充满热情。

这一思想可以看作澳洲联邦银行员工管理工作的最高指导原则，在这一思想指导下，其员工管理工作的一大特点就是"员工与文化"调查活动，具体内容可以参考其在 2015 年所形成的一部分资料，具体如下。

澳洲联邦银行集团整体可持续发展方针中重要的一环是要形成一种文化，在这种文化中员工们积极参与、充满热情，并像重视成功一样被重视，这样公司的客户、股东和社会必能取得长远的成功。

澳洲联邦银行年度"员工与文化调查"是衡量员工奉献精神和满意程度的关键指标，它体现了员工的工作感受，是"员工倾听战略"的一部分，此战略还包括员工中心小组和业务单位的"心态检查"。

由"员工与文化"调查的结果所编成的报告，可以用来帮助管理者更好地理解如何形成并发扬这种文化，最大限度地提高个人、团队和企业绩效。

2015年，澳洲联邦银行首次公布了集团所有子公司的"员工与文化"调查结果。全集团内员工参与度得分为81分，与2014年结果持平。然而，公司仍需进步，因此，业务部门团队领导会根据调查结果与成员一起分析调查结果，并制订行动计划，以迎接进一步加强企业文化所带来的机遇。

将以上资料做一定的扩展以后，可以为中国企业借鉴的内容概括如下：尊重员工；贴近员工；了解员工。

把员工培养成人才，让他们在为企业创造最大化价值的同时不断实现自己的价值，并获得属于自己的收益。

在员工管理方面，除了特别重视"员工与文化"调查以外，澳洲联邦银行还特别强调对于员工的培训与培养。

澳洲联邦银行集团意在培养一批具有最高国际水准的管理者，每年都会有数个高管及人事经理培训项目。其中一项是针对集团执行总裁和行政总经理的项目，名为"丹尼森·米勒"计划，此项目的宗旨是引领一流的思想观念。澳洲联邦银行还针对有抱负的佼佼者推出了一个新计划，为其提供基本的人事管理培训，培训重点主要为信托、交际和金融等方面，课程形式多样，有数字课程也有面对面交流。

为了鼓励股票交易经纪人集团内部流动及其发展，澳洲联邦银行专门设置了有关产品管理、分析和数字领域能力的培养体系。这有助于确定哪些地方需要特殊技能，由此便可通过量身定制的学习和培养方案，让新的股票交易经纪人习得所需技能。

澳洲联邦银行还为经常面对客户的员工提供机会，使他们获得外部认可的岗位资格，从而形成一支高技术人才员工队伍。

除了特别重视"员工与文化"调查活动，特别强调面向员工的培训与培养工作以外，澳洲联邦银行在员工管理方面还采取了以下诸多措施，这些措施主要是在2015年提出并使用的，具体包括：①多样性。公司尊重员工多样性，并尊重他们的思想、工作风格及观点。②灵活性。公司支持弹性工作模式，以确保员工工作和个人生活自如平衡。③员工福利。集团员工享有各种福利，包括贴现银行产品、金融服务、薪资福利、参加年度股票补助、购买额外假期、酒店假日折扣、汽车租赁、机票，以及电脑、娱乐和健身等方面的优惠。④领导力开发。公司认为，培养员工领导力至关重要。⑤对社区持续承诺。自 1912 年集团建立以来，澳洲联邦银行一直在提高公司所在社区的生活质量，并努力使其更富足。

4.4　澳洲联邦银行的多样性与包容性理念

在本研究系列当中，几乎每一家案例企业都在强调多样性与包容性的理念，究其原因有三点。

（1）这些公司多数为跨国企业，业务遍布全球，雇员分布在各个国家里。

（2）这些企业多数都已经存在了几百年，最短的也已经发展了近百年，经过这么长时间的跨度，它们的员工经过了多代际的转换以后本身就已经沉淀了大量的多样化要素。

（3）本书研究系列所选择的四个国家都是多种族、多肤色、多民族和多移民的国家，如果在这样的国度里经营企业而不重视多样性，不仅会妨害企业的运营，而且还很容易引起种族或民族矛盾。

美国、英国、加拿大和澳大利亚的企业在重视多样化的发展理念方面，其态度是一致的，虽然方法可能会有不同，但其终极指导思想几乎一样，澳洲联邦银行在这方面的描述可以成为它们最精简的代表，即我们让背景不同、经历各异、观点迥异的人各展所长。

这就是多样化的第一指导思想，也是放之四海皆可使用的行动指南。

单纯看这句话，相对抽象，为了加深理解，可以参考澳洲联邦银行对此的注解，具体如下。

多样性与包容性理念已经渗透到集团业务的方方面面。所有员工的一言一行都被放在多样性这一放大镜下，以增加透明度并尽量减少偏见，具体包括人员招聘、人才管理、培训方案、岗位任命、弹性工作、休假安排和继任规划等。

澳洲联邦银行对待多样性和包容性的态度与企业愿景息息相关，它是企业文化、价值观和业务方式不可或缺的组成部分，并为员工、客户和股东带来了切实的利益。

对员工和客户大力支持是澳洲联邦银行引以为傲的历史传承，集团成员构成多元多样，但公司永远秉记：员工所在之处便是包容所在之地。

"员工所在之处便是包容所在之地"可以视为多样化的第二指导思想，如果第一指导思想强调的是要重视多样化，则第二指导思想强调的就是要重视员工的多样化。

澳洲联邦银行对于员工多样化的重视可以概括为一句话：强化一个组织，重视三个战略。

"强化一个组织"是指要强化多样性委员会的职能,多样性委员会由澳洲联邦银行 CEO 担任主席,由行政委员会所有成员共同组成。他们开会讨论"多样性和包容性战略"问题及在实现目标方面取得的进展。多样性委员会每一成员分管"多样性和包容战略"某一方面工作,而且目前公司已经建立了多个员工联络小组,以使相应措施与员工及其社区需求相对接。

"重视三个战略"当中所说的三个战略是指"管理者多样性"、"工作模式灵活多样"和"尊重与包容",设置这样三个战略的目的就是要在包容的工作环境下为每一名员工提供发展机会,充分发挥其不同背景、观点和经历的优势,以确保为同样多样化的客户群提供卓越的服务。

1. 管理者多样性

关于管理者多样性,美国、英国、加拿大和澳大利亚的企业采用了相似的描述,以澳洲联邦银行为例,公司明确提出:我们重视不同管理者给公司带来的千差万别的思想、经验和观点,并热烈欢迎充满热情的有识之士加入我们。

对于企业来说,所有员工都有其与众不同并极为珍贵的特质,为能确保在包容性的文化中充分发挥这些特质作用,我们不断地吸纳、培养每一岗位的最佳人选,不论其性别、年龄、种族、家庭、残疾与否、性取向、身份或偏好如何。

2. 工作模式灵活多样

工作模式灵活多样是现代社会的一种要求,尤其适用于智力创造型的企业,作为一个不断被技术发明促进工作效率的行业,现代金融服务业也适用于这种模式,为此,澳洲联邦银行努力确保工作环境弹性灵活,以帮助员工可以很好地平衡其纷繁复杂的生活与客户需求之间的矛盾。

澳洲联邦银行坚定不移地招募并留住最佳人才,助企业一臂之力,来实现公司愿景,即不遗余力确保和提高员工、企业和社区的金融状况。这意味着澳洲联邦银行需要灵活多样的工作方式,以满足客户和员工的需要。

许多员工在灵活的工作方式中表现出色,这使他们能够更好地将个人努力融入工作当中。澳洲联邦银行为员工及其管理者提供各种支持与资源,帮助他们高效安排工作,以提高其敬业精神和生产力。

员工可以灵活选择其工作和休假时间,这样既可以满足员工在生活和事业中不同阶段的不同需要,又可以完成业务目标并满足客户需求。

3. 尊重与包容

澳洲联邦银行希望其员工能在包容的工作环境中茁壮成长,为此实施了一系列提高认识与包容性的举措，以便更好地服务于员工和顾客，不论员工和顾客的年龄、性别、性取向、身份、种族或宗教如何。

在 2013 年，澳洲联邦银行于企业内部成立了三个平台，这足以体现其在多样性方面的工作决心，这三个平台分别是同性恋社区联盟（Unity 是这个联盟的名字）、自由选择文化多样性平台、残疾和无障碍联盟。

针对第一个平台，澳洲联邦银行希望建立一个包容各方的工作环境，使全体员工免受欺凌、骚扰和歧视，让每个人在工作中都感到安全舒适。

2015 年，澳洲联邦银行通过澳大利亚唯一的全国性组织顶峰基金会提供若干澳洲联邦银行奖学金，用以支持被边缘化或处境不利的同性恋青年继续求学。每年，16~24 岁的年轻人，无论他们是在读大学、参加职业技术与继续教育还是要完成高中学业，只要成功申请到奖学金就会得到资助，来帮他们实现目标。每个学生都会配有一个顶峰导师，指导和支持他们走向成功。

这些奖学金项目将为希望在澳大利亚公立中学、私立中学或公立高等教育机构接受全日制教育的同性恋学生提供奖学金，使其获得某一专业、行业或艺术领域的教育或职业资格。该奖学金是其他政府资金的有益补充，而不是简单的重复。

能成为顶峰基金会国家合作伙伴让公司倍感骄傲，顶峰基金的目标是与大学生志愿者导师合作，提高 11 级和 12 级同性恋学生的毕业率和大学录取率。

顶峰基金会主席肖恩·林克森说："澳洲联邦银行通过顶峰基金会向边缘化的同性恋青年提供财政支持，这是人人平等和社会正义的一个重要方面。看到澳大利亚最大的公司之一能提供财政、志愿服务和技术支持，帮助有潜力的年轻人，这是非常令人鼓舞的。"

针对第二个平台，澳洲联邦银行认识到，员工要反映客户和当地社区的需求。为此，公司致力于吸纳并保留一支多元文化的员工队伍，这有益于提升客户服务品质，并为股东带来回报。

集团通过提高职场意识、包容性和和谐性的举措，积极支持文化多样性。

以"和解行动计划"为例，这一计划展示了澳洲联邦银行对澳大利亚原住民的支持。集团还给澳大利亚原住民青年机会，让他们通过培训项目来获得宝贵的工作经验和各种机会。

针对第三个平台，澳洲联邦银行希望做到可以尽心尽力地帮助残疾员工和残疾客户。

无障碍和包容性计划为客户获得服务提供了便利条件，并为残疾人提供了无障碍和包容性的工作环境。此项目由澳洲联邦银行多样性小组监督，他们与相关专家和负责执行该计划的企业负责人密切合作。

澳洲联邦银行还与澳大利亚残疾人联盟和更广泛的残疾人组织合作，加强对现有员工的扶持，让更多的人获得就业机会。

　　对于有残疾人或想招募残疾人的团队，澳洲联邦银行给予更大力度的支持，并坚持不懈地通过无障碍和包容性计划提高员工和客户对集团包容性工作文化的认识。

4.5　企业家戴维·特纳的致辞

　　为了进一步帮助读者加强对于以上四节内容的理解，下面这一节要介绍的是澳洲联邦银行董事会主席戴维·特纳（David J Turner）在 2015 年度报告上致辞的节选，主要内容如下：

　　We are very aware that at the Commonwealth Bank we have an important role to play in protecting and enhancing the financial wellbeing of all our stakeholders, be they shareholders, customers or the wider population. We employ over 52, 000 people, have a customer base of 15 million and have nearly 800, 000 Australians who directly own our shares.

　　We know we must perform well in all respects. We are also aware that in order to do this, we need to maintain conservative business settings, set strong capital levels, have high levels of liquidity and solid provisioning.

　　The regulatory environment both in Australia and elsewhere continues to evolve and places increasing responsibilities on the management team and the Board. Additionally, the Financial System Inquiry, to which I made reference last year, recommended , for purposes of increased competition , an increased capital requirement for the major banks in Australia. This recommendation was adopted by the Bank and was the principal reason for our decision to raise $5 billion by way of an entitlement offer for all shareholders in August.

　　Turning to our operations, the environment in which we operate continues to be volatile. We saw this play out during the year in the Euro zone with the crisis in Greece, and while resolved for the time being, this element of volatility seems likely to be a recurring theme. In this context, whilst the Group has no exposure to Greek Sovereign Debt nor direct exposure to Greek banks, it is a situation we monitor very closely, and in particular how it might impact the availability of funding should the crisis spread. There has also been a marked slowdown in the rate of growth in the Chinese economy and a consequent slowdown in the import of minerals from

Australia. Whether or not related, there has also been considerable volatility on the Chinese stock market in recent months. Whilst this again does not directly impact the Group, there is no denying its effect on the Australian economy, particularly in activities associated with the mining industry.

Within the Group and directly associated with our objective to perform well, we are very focused on strengthening our values-based culture built around integrity, collaboration, excellence, accountability and service.

Over the last 12 months, the Group undertook an extensive review of our culture, assisted by external advisers, The Ethics Centre, KPMG and Gilbert & Tobin. While integrity, collaboration, transparency and trust are all clear ingredients of "ethics", the task of ensuring that behavior mirrors excellence in all of these characteristics will be an on going task. It has management's full attention and is central to the conduct of the Group's business.

将戴维·特纳的以上致辞翻译如下：

我们非常清楚，我们拥有五万两千多名员工，一千五百万人的客户群，而且还有近八十万澳大利亚人直接拥有公司股份，所以澳洲联邦银行在保护和改善所有利益相关者（股东、客户或广大民众）的金融状况时所发挥的作用举足轻重。

我们知道，各方面工作必须齐驱并进，要做到这一点，就需要在业务上稳扎稳打，需要强大的资本水平、高流动性及充足的储备。

澳大利亚及其他地方监管环境持续变化，管理团队和董事会的责任日益增加。此外，为了增强竞争力，提高澳大利亚各大银行的资本要求，我去年提议的"金融系统调查"已被银行采纳，这也是我们在 8 月决定通过向所有股东提供权益而筹集五十亿美元的主要原因。

谈到业务运营，其实我们的运营环境仍不稳定。我们在欧元区看到了这类危机，尽管希腊危机已经暂时解决，但这一波动因素似乎是一个反复出现的主题。在这种情况下，虽然集团没有暴露在希腊主权债务那样的风险之下，也没有希腊银行的直接投资，但对其情况，我们应密切关注，尤其是要关注如果危机蔓延，它将如何影响资金流。此外，中国经济增长速度也明显放缓，澳大利亚矿产业进口也随之放缓。无论是否相关，近几个月来中国股市也出现了相当大的波动。虽然这同样对集团没有直接影响，但不可否认它对澳大利亚经济所产生的影响，特别是在与采矿业有关的相关活动方面所产生的影响。

在本集团内部，我们非常注重加强建立在诚信、协作、卓越、问责和服务基础上的价值观文化，这直接与集团能否良好运营直接相关。

在过去的12个月中，我们集团在外部顾问、道德中心、毕马威会计事务所和吉尔伯特托宾的协助下,对公司文化进行了全面的回顾。虽然诚信、协作、透明和信任是"公司道德标准"的明确要素,但要将这些特性都出色地贯穿于我们的行动当中,这必然是任重而道远的。此重任受到管理层的充分关注,这也是我们集团一切业务之核心。

第5章 西太平洋银行的企业文化 与企业管理^①

本章要研究的是澳大利亚西太平洋银行，这是一家拥有多个银行分支的企业，在澳大利亚的消费者银行或者商业贸易银行当中占有举足轻重的地位，所服务的客户遍布世界各地。

5.1 西太平洋银行的企业情况介绍

西太平洋银行旗下由五个面向各类消费者的分行组成，服务于大约1 300万名客户，客户既有澳大利亚当地人，也有亚洲、欧洲和美洲等的居民和机构。

西太平洋银行在 2014 年的世界排名是第 288 位，在 2015 年的世界排名是第330 位，2015 年的营业收入为 355 亿美元，利润收入为 69 亿美元。从整体上看，其在五百强当中的世界排名虽然比较稳定，但已经连续四年向后慢步退缩，其在2016 年的世界排名是第 336 位，在 2017 年的世界排名是第 391 位。

西太平洋银行运营结构与重点客户部门一一对应，在这种结构下，集团保留了独特的品牌组合，包括西太平洋银行总行、圣乔治银行、墨尔本银行、南澳银行和逆向年金抵押贷款银行，这些都属于消费者银行，它们负责对澳大利亚消费者与客户进行业务销售并提供客户服务。

除此之外，集团还下设四个业务模块，其中第一个模块提供商业贸易银行服务，主要负责对中小型企业、商业和农业综合企业客户进行业务销售并提供客户服务，这些客户分别隶属于西太平洋银行、圣乔治银行、墨尔本银行、南澳银行等。该模块还负责资产和设备融资方面的专项业务。

第二个模块的业务由商务贸易金融集团领导，负责西太平洋银行在澳大利亚

---

① 资料来源：https://www.westpac.com.au/。

的理财和保险业务，负责资金管理、投资引入及分配、退休金和退休产品、财富管理平台、私人银行、财务规划、保证金贷款和经纪业务等。保险解决方案包括人寿保险、一般抵押保险和贷款人抵押保险。

第三个模块由西太平洋机构银行向与澳大利亚和新西兰有联系的商业、企业、机构和政府客户提供广泛的金融服务。客户通过在澳大利亚、新西兰、亚洲、美国和英国的分支机构或子公司获得相应服务。

第四个模块设在新西兰，新西兰西太平洋银行负责为新西兰各地的消费者、企业和机构客户提供相关银行、理财或保险产品的销售与服务。

该集团的其他业务部门还包括：

西太平洋银行太平洋部——为巴布亚新几内亚、斐济和瓦努阿图这三个太平洋岛国的零售商和商业客户提供银行服务；

客户和商业服务部——包括银行业务、客户联络中心、产品、营销、合规性、法律和财产服务；

集团技术部——负责技术战略与架构、基础设施、运营及应用程序开发等；

财务部——主要管理集团资产负债表，包括利率风险、资金和资本；

核心支持部——集中执行功能部门业务，包括财务、风险部门和人力资源。

5.2　西太平洋银行的企业愿景与企业价值观及其解读

西太平洋银行的企业愿景是：成为世界上最伟大的服务公司之一，帮助客户、社区和员工成功、成长。

这是一种典型的西方英语系大国杰出公司企业愿景描述方式，与前面几家公司相近。同时，这样的企业愿景当中也包含着企业宗旨的内容，即在处理与客户、员工和社区的关系时，以帮助它们成功和成长为指导思想。

支持以客户为中心的企业战略是西太平洋银行颠扑不破的价值观，这些价值观深深扎根于其企业文化之中，具体分为五个方面：

（1）让客户称心如意——深刻理解并超越客户期待；

（2）合而为一——彼此合作、相互尊重、重视对方，让客户和集团皆可以做到硕果累累；

（3）诚信正直——每一名员工都要为自己的行为、信誉负责，做正确之事；

（4）勇往直前——勇于面对变化，大胆思考，寻找做事新方法；

（5）不同凡响——追求个人、团队及业务上的卓越成就。

分析其第一条价值观，可以概括为"客户至上"，这是一个常见常谈的价值观描述，但是对于任何一个企业而言又都是至关重要的内容，针对这一点，西太平洋银行希望能够做到深刻理解并超越客户期待。

虽然有众多的企业都把"客户至上"作为其企业文化的主要内容，但并不是所有的企业都将之放置在企业价值观里，有的企业将之写入企业使命，有的企业将之设为客户理念，也有的企业会把它明确写入公司的企业宗旨。

例如，宝博集团就将"客户至上"的理念作为公司的企业使命，其企业使命是这样界定的：感恩客户和社会，以最公平的价格提供最高质量的产品和服务。

为了把企业使命更加具体地向外传递，宝博集团又对此做了说明。

基于社会而生存，因为客户而发展，没有它们的支持，就没有我们存在下去的基础，所以我们要对客户和社会经常怀有感恩之心，受之滴水，报以涌泉，这是我们企业持续发展下去的精神信条。为了涌泉相报于客户，我们将会一如既往地以最公平的价格，持续不断地为他们提供最高质量的产品，然后一起将高品质的产品和服务提供给消费者，以共同实现我们对社会所坚守的一份责任，并证明我们存在于社会的重要价值。

再如，青岛琅琊台集团将"客户至上"的思想直接设计为公司的客户理念，其内容是如下。

公司不仅为客户提供高品质的产品，而且提供幸福和快乐的高端享受；满足客户的需求不是目的，超越客户对我们的期望才是真正的目标。这种描述可以形象地作为西太平洋银行第一价值观的最好注解。

西太平洋银行第二条价值观描述方式不同于中国企业的习惯，它的说法是"合而为一"，即将企业的诉求与客户的要求合而为一，并且要做到"彼此合作"、"相互尊重"和"重视对方"。先不论其是如何做到的，单纯看这种提法就已经比较新颖，而且内涵非常丰富。

西太平洋银行第三条价值观是中国企业与英语系大国杰出公司习惯上重视的一个品质，即"诚信正直"，关于这一点在前面几家公司身上已经做过很多解读，西太平洋银行对此还有更多明确的要求。

西太平洋银行第四条与第五条价值观可以概括为"卓越"，这里各用了四个字进行描述，使人从字面上看很容易理解，经过其进一步的解读就更是一目了然，"勇于面对变化，大胆思考，寻找做事新方法"是路径，"追求个人、团队及业务上的卓越成就"是其想要的结果。

把西太平洋银行的企业愿景与企业价值观联系在一起，可以看出其企业愿景是公司成长的终极目标，而要实现这一目标就必须依照公司的价值观做事，从而借助让客户称心如意，企业与客户合而为一，员工诚信正直、勇往直前、不同凡响，最终使西太平洋银行可以成为世界上最伟大的服务公司之一，并帮助客户、社区和员工不断地成功和成长。

这样界定企业精神文化当中的主要内容显然值得提倡和借鉴。

为了进一步明确公司在企业价值观方面的要求，西太平洋银行还对应性地在企业行为准则方面提出了七条原则，它们分别是诚实诚信行事；遵守法律与政策；客户是对的；尊重机密，不滥用信息；重视并保持专业精神；精诚协作；负责任地管理利益冲突（详见后文介绍）。

5.3　西太平洋银行的企业经营原则及其解读

西太平洋银行的企业经营原则在于强调可持续性的发展，而要理解何谓可持续性以及如何才能做到可持续性，其公司 CEO 盖尔·凯利（Gail Kelly）的致辞可以帮助读者悟到其中要义，其致辞的部分内容如下：

Westpac Group's Principles for Doing Business underpin our commitment to sustainable business practice. It sets out the behaviors against which we expect to be judged in pursuit of our vision to be one of the world's great companies, helping our customers, communities and people prosper and grow. For Westpac Group, sustainability is just a different way of expressing what we have always done as a financial services company—managing risk and opportunity in a way that best balances the long term needs of all our stakeholders—our customers, employees, suppliers, investors and community partners, as well as the wider community and environment at large.

Our Principles outlines the framework against which we aim to achieve that—by embedding sustainability throughout our business in the areas of: governance and ethics; customer practices; employee practices; care for the environment; community involvement; and supply chain management.

Our commitments are aligned with key global initiatives which promote responsible business practices, including: the United Nations Global Compact; ILO Declaration on Fundamental Principles and Rights at Work; and the Organization for Economic Co-operation Development Guidelines for Multinational Enterprises.

Management of our sustainability performance is important to us because it's important to those who have a stake in The Westpac Group—for our customers, it sets us apart from our competitors and supports our ambition to earn all our customers' business; for our employees, it assists us to attract and retain the best and brightest; for our investors, it supports confidence in our long term financial success; and for the community and the environment it helps us to focus our impacts in a positive and meaningful way.

Our Principles applies across the entire Westpac Group. We regularly review this framework to ensure our commitments remain relevant, effective and consistent with the expectations of our stakeholders; and we outline how we have demonstrated our performance each year through our financial and non-financial reporting.

这个致辞的大意是：

业务可持续性是西太平洋银行商业原则的基础。它规定了可与不可之行为，以待监督，以此来促进公司愿景的达成，即"成为世界上最伟大的服务公司之一，协助客户、社区及员工成功、成长"。对西太平洋银行来说，可持续性只是用另一种方式体现出这家金融服务公司一直在做的事——以最佳方式管理风险与机遇，以最佳方式平衡所有利益相关者——客户、员工、供应商、投资者和社区伙伴，以及更广泛的社区及整个环境的长期需求。

我们的原则概述了目标达成的框架——将可持续性贯穿于整个企业的方方面面：管理与道德、客户实践、员工实践、环境关怀、社区参与及供应链管理。

我们的行动与促进企业负责任行为的若干全球倡议步调一致，其中包括：联合国全球契约、世界劳工组织工作基本原则和权利宣言、多国企业经济合作发展指导方针。

管理公司的可持续性业绩对我们来说至关重要，因为这对跟西太平洋银行有利害关系的各方来说都极为重要。对于客户，它是我们区别于竞争对手之所在，是我们赢得客户青睐的信心；对于员工，它可以协助我们吸引并留住最优秀、最聪明的人才；对于投资者，它是长期获得经济回报的信心源泉；对于社区和环境，它帮助我们以积极的有意义的方式关注我们对环境带来的影响。

我们的原则适用于整个西太平洋银行，公司定期对其审议，以确保我们的行动切合实际、有效，符合利益相关者的期望；我们每年亦通过财务及非财务报告概述、展示我们的业绩。

以上致辞首先强调的是可持续性发展，正如前面几家企业那样，对于可持续性发展的关注是这一类杰出公司非常看重的事情。

此外，在这一可持续性发展原则当中，还包含着西太平洋银行的企业宗旨。事实上，在其企业愿景当中也包含着公司的企业宗旨，可是在其企业宗旨当中并没有将如何处理与相关利益者关系的内容展开说明，还缺少细节描述，而这种不足在这里得到了补充，具体包括：

对于客户，可持续性发展是西太平洋银行区别于竞争对手之所在，是西太平洋银行赢得客户青睐的信心；

对于员工，可持续性发展可以协助西太平洋银行吸引并留住最优秀、最聪明的人才；

对于投资者，可持续性发展是其长期获得经济回报的信心源泉；

对于社区和环境，可持续性发展帮助西太平洋银行以积极的有意义的方式关注企业对环境带来的影响。

这四个"对于"的主体事实上就是西太平洋银行所关注的五个相关利益者，即客户、员工、投资者、社区和环境，而如何处理与这些相关利益者关系的侧重点就是西太平洋银行所追求的可持续发展，其最终目的就是要为相关利益者创造持续性的价值。

除了在企业经营原则上坚持可持续性发展的最高指导思想以外，西太平洋银行还对此进行了量化和条目化的设计，具体内容如下：

Introduction——引言

1. Code of Conduct——行为准则

2. Governance and ethical practice——管理与道德实践

2.1 Governance practices——管理实务

2.2 Conflicts of interest——利益冲突

2.3 Securities trading——证券交易

2.4 Financial crime——金融犯罪

2.5 Concern reporting and Whistle blowing——问题报告与揭发检举

2.6 Dealing with government and political donations——处理政府献金和政治献金

2.7 Dealing with regulators——与监管机构交涉

2.8 Disclosure principles and practices——信息披露原则与实践

2.9 Transparency in pricing and marketing——定价与营销透明度

2.10 Stakeholder dialogue——权益人对话

2.11 Risk Management Strategy——风险管理策略

2.12 Code of accounting practice and accounting standards——会计实务守则及会计准则

2.13 Respecting human rights——尊重人权

2.14 Not discriminating in our dealings——无歧视业务

2.15 Compliance management framework——遵守管理体制

3. Customers——客户

3.1 Customer service commitments——客户服务承诺

3.2 Supporting industry codes of practice——支持行业规范实践

3.3 Respecting our customers' right to privacy——尊重客户隐私权

3.4 Responsible marketing——负责任营销

3.5 Responsible lending——负责任借贷

3.6 Trade and competition——贸易与竞争

3.7 Equity and access——公平与准入

3.8 Complaints and dispute resolution——投诉与争议解决

3.9 Socially responsible investment, products and services——对社会负责任的投资、产品及服务

4. Employees——员工

4.1 Working at the Westpac Group——工作在西太平洋银行

4.2 Managing our people——员工管理

4.3 Equal opportunity and workforce diversity——机会平等与员工多样性

4.4 Training, learning and development——培训、学习和发展

4.5 Dealing with grievances——不公平待遇处理

4.6 Promoting flexibility——促进灵活性

4.7 Workplace health & safety——工作场所健康与安全

4.8 Job restructuring——岗位重组

4.9 Protecting employee entitlements——保护员工应享权利

4.10 Remuneration——薪酬

4.11 Work conditions——工作条件

4.12 Freedom of association——结社自由

5. Environment——环境

5.1 Managing our environmental footprint——管理环境足迹

5.2 Environmental risk——环境风险

5.3 Climate change——气候变化

5.4 Water——水资源

5.5 Trading and market mechanisms——贸易与市场机制

5.6 Advocacy——倡议

6. Community——社区

6.1 Community engagement——社区参与

6.2 Financial capability——财务能力

6.3 The rights of indigenous communities——原住民社区权利

7. Suppliers——供应商

7.1 Supply chain management——供应链管理

7.2 Human rights practices of third parties——第三方人权行为

5.4　西太平洋银行的企业战略及其解读

西太平洋银行的企业战略描述是一种借得借鉴的方式，抛开内容不论，其界定企业战略及其发展重点的思路可以广泛为各个行业所参考。

5.4.1　西太平洋银行的企业战略

西太平洋银行的企业战略旨在通过为股东提供更高的回报以实现其企业愿景，建立深厚而持久的客户关系，成为社区带头人，并成为最优秀员工梦寐以求的工作之地。

在实施企业战略的同时，西太平洋银行将重点放在澳大利亚、新西兰和近太平洋等地的核心市场，积极为这些地区的客户提供全面的金融产品与服务，以满足其金融服务需求。凭借在这些市场的强大地位，以及近1 300万客户的基础，西太平洋银行将并购成长列为重点，在选定的细分市场增加客户数量，并建立更强大和更深入的客户关系。

这一举措的关键要素是金融服务品牌组合，通过这种组合，西太平洋银行可以吸引更多的客户，增加战略灵活性，提供更能满足个人客户需求的解决方案。

在实施这一战略时，西太平洋银行力求在选定的细分市场增加客户数量，并增加每一客户的产品数量，特别侧重于存款、理财及保险等业务交叉销售。

亚洲是一个很重要的市场，西太平洋银行正逐步加大对该地区的影响，以便更好地服务于在该地区经营、贸易和交易的澳大利亚和新西兰客户，以及在澳大利亚和新西兰寻求金融解决方案与服务的亚洲客户。

在持续发展业务的同时，更具挑战性的金融服务环境要求西太平洋银行不但要提高效率，而且还要注重加强自身的财务状况，具体措施包括：提高资本水平与质量，改善资金和流动资金状况，并保持高水平的资产质量与准备金。

虽然西太平洋银行目前的成本与收入比率相对较低，但其伺机而动，精简机构，简化业务，改善用户体验质量，并降低单位成本。

可持续发展战略是一重大助力，它可预防并改善新出现的最紧迫的社会问题，对于这些问题，西太平洋银行有技术、有经验，努力使之朝着好的方向发展，并产生商业价值。这些领域包括：预测人口和文化变化带来的巨大转变及其对工作场所和客户的影响；用经济的方法解决环境挑战；在变化的环境中，帮助客户实现可持续的金融未来。

西太平洋银行的具体做法是力求将可持续性纳入企业战略、价值观、文化和流程之中，使之与公司的业务相辅相成浑然一体。

西太平洋银行管理层相信，成功的战略执行可让客户收入更高，信用质量更好，成本配置更优越。

5.4.2　西太平洋银行的企业战略优先事项

以下是西太平洋银行的战略发展重点和优先事项，一共包括五个方面，即绩效管理、服务至上、数字化改革、定向增长和劳动力变革。

每年，西太平洋银行都要对其战略优先事项进行审查，主要是对优势项目、增长率、回报率和生产率几方面进行审查。

为了应对当前环境挑战，实现企业战略，西太平洋银行每年都会对战略优先事项进行更新，以求均衡地管理这些优先事项，并适当地将增长率、回报率、风险度和生产率结合起来。

西太平洋银行的战略重点包括以下几个方面。

（1）绩效管理。

这一方面的主要工作包括：力求在当地银行中出类拔萃；均衡管理优势项目、增长率、回报率和生产率；保持坚实的资本水平，以满足所有利益相关者需求及监管机构要求；继续加强资金和流动资金状况，确保资金池多种来源，并优化客户存款构成；保持高品质的资产组合及强有力的准备金。

（2）服务至上。

这一方面的主要工作包括：提供全方位的客户体验；力求客户体验内容充实，以加深客户关系；通过更简洁、更容易、更优质的银行服务吸引新客户。

（3）数字化改革。

这一方面的主要工作包括：创建一家 21 世纪数字化多品牌银行；通过数字化点对点服务简化产品及工序；推动系统数字化和系统整合。

（4）定向增长。

这一方面的主要工作包括：寻求增长机遇；关注中小企业增长、理财及亚洲市场。

（5）劳动力变革。

这一方面的主要工作包括：注重客户服务，员工绩效和文化；加强员工的技能，更好地为客户服务，满足其全部财务需求；促进员工创新，更新工作方式，灵活应对变化；继续加强员工队伍多元化。

5.5　西太平洋银行的企业管理

西太平洋银行的企业管理既注重内部事务，也注重外部事务，共涉及八个方面的内容，下面要介绍的是这些工作内容的核心部分。

第一个方面的内容是公司的一个管理声明，大致给出了公司管理的方向，声明内容为：公司管理是通过明确规定董事会、管理层和股东的权利与职责来实现的，以此来加强公平、透明的原则，并实施问责制。

第二个方面的内容界定了公司的业务原则和政策，主要内容包括利益冲突政策、内幕交易规则、市场披露、隐私权限、套期保值等多项核心操作等。

第三个方面的内容是针对采购提出的原则与要求，采购原则囊括了全方位的采购服务，这有利于帮助业务部门实现其目标。另外，供应商对西太平洋银行的成功至关重要，所以"供应商反馈调查"的推出，为公司提供了宝贵的反馈意见，这对加强西太平洋银行与供应商关系大有裨益。

第四个方面的内容是针对反洗钱活动提出的指导思想，主要内容是：西太平洋银行的目标是预防并查明洗钱活动，避免不知情地为洗钱或资助恐怖主义提供便利条件。西太平洋银行这么做是为了保护集团声誉，遵守相关法律，成为一名优秀的企业公民。

第五个方面的内容是关于响应制裁的政策，主要内容是：西太平洋银行确保遵守经济和贸易制裁，这不仅仅是因为公司被要求这样做，还因为这是对集团和客户利益有益的正确做法。

第六个方面的内容是关于加强风险管理，主要指导思想是：高效的风险管理需要对风险和回报采取综合和平衡的措施，帮助公司优化财务并减少潜在的损失或损害。

第七个方面的内容是关于公司章程和董事会的，主要内容是：西太平洋银行董事会遵循多项政策和各种立法要求，包括公司治理声明、澳大利亚股东协会和董事会审计委员会的相关规定，以及公司章程和其他管理法令。

第八个方面的内容是关于机会均等，主要内容是：西太平洋银行的产品和服务旨在确保所有客户机会均等。

5.6　西太平洋银行的企业行为准则及其解读

在本书研究系列所选取的美国、英国、加拿大和澳大利亚的杰出公司当中，绝大多数企业都有自己的行为准则，这可以看作是各个企业行为文化的代表，而企业行为文化是一个公司 4S 企业文化当中的重要组成部分（4S 企业文化：表象文化、精神文化、亚文化、在生成文化），是表象文化三大构成之一。

要了解一个公司的行为文化，可以从两个方面看，一是看这个公司最高领导的相关致辞，二是看这个公司具体的行为准则，以下内容就是对西太平洋银行这两个方面的阐述。

5.6.1　首席执行官在企业行为准则上的致辞

以下内容是西太平洋银行 CEO 布莱恩·哈策关于企业行为准则的致辞，这其中也蕴含着公司在企业价值观方面的要求：

At the core of every great company is a set of clear and consistent values.

Our values underscore every decision we make and guide us in our behaviors. It is up to all of us to keep our values alive – they are an important part of our DNA and a key part of what makes us different.

The *Code* is designed to help us make the right choices. It provides further detail of how each and every one of us should act in accordance with our values of Delighting Customers, One Team, Integrity, Courage and Achievement.

This *Code* describes the standards of conduct expected of our people, both employees and contractors. It provides a set of guiding principles to help us make the right decision every time.

The principles making up the *Code* are:

We act with honesty and integrity.

We comply with laws and with our policies.

We do the right thing by our customers.

We respect confidentiality and do not misuse information.

We value and maintain our professionalism.

We work as a team.

We manage conflicts of interest responsibly.

Those principles operate in conjunction with our values (as described by our CEO above) and our policies and procedures.

At the heart of each of the principles is the imperative to uphold the reputation of the Westpac Group. We all have a role to play in ensuring that the Group's reputation is strengthened and not harmed by our conduct, whatever work we do and wherever we are located. Remember this simple test to determine if our proposed conduct is appropriate: would we be happy to see that conduct reported on the front page of a newspaper?

The *Code* has the full support of the Board and the Executive Team and we take compliance with the Code very seriously. If you breach the Code then you may face disciplinary action, including termination of your employment. You also have a responsibility to report immediately any breaches by a colleague to your manager or team leader or your Human Resources or Compliance business unit representative. Do the same even if you are unsure if there has been a breach. Our Whistleblower Protection Policy outlines all reporting channels, as well as the process for raising concerns anonymously.

以上致辞的意思是:

每家卓有成就的公司都会拥有一套清晰明确、始终如一的价值观。

我们所做的一切决定都是我们价值观的体现,它指导着我们的一言一行。每一个人都有责任让我们的价值观充满活力,这些价值观是我们基因的重要组成部分,也是使我们与众不同的关键因素。

《行为准则》旨在帮助我们做出正确选择,它还进一步提供了细节,指导我们每一个人遵循如下价值观:让客户满意、精诚团结、诚信勇敢和成就非凡。

《行为准则》制定了员工和承包商应遵循的行为标准,它提出若干指导原则,以指导我们每次都能做出正确之抉择。

《行为准则》之构成原则:

诚实诚信行事;

遵守法律及政策;

客户是对的;

尊重机密,不滥用信息;

重视并保持专业精神;

精诚协作;

负责任地处理利益冲突。

这些原则与我们的价值观(如上文所述)、政策以及问题处理程序并行不悖。

这些原则的核心是必须维护西太平洋银行的声誉。我们每个人都要身体力行,加强集团声誉,无论做什么工作,不管在哪工作,我们都不能因为自己的行为使集团声誉受到损害。这有一个简单的方法来测试我们的行为是否合适:看到报纸给予报道,我们会高兴吗?

《行为准则》得到了董事会和管理团队的全力支持,我们也严肃认真地遵守此准则。如若违反,你可能会面临包括终止工作这样的纪律处分。同时,你也有责任立即向经理、团队负责人、人力资源部门或合规业务部门代表报告同事的违规行为，即使你不确定事实是否如此，也需报告。"举报人保护政策"列举了所有报告渠道，以及匿名举报的程序。

5.6.2　西太平洋银行企业行为准则的核心内容

以下是西太平洋银行《行为准则》相关内在原则的一些详细信息，它们同时也是这家公司企业行为准则的核心内容，共有七个方面，包括：诚实诚信行事；遵守法律与政策；客户是对的；尊重机密，不滥用信息；重视并保持专业精神；精诚协作；负责任地管理利益冲突。

（1）诚实诚信行事。

西太平洋银行要做正确之事，这是毋庸置疑的。诚实与诚信相辅相成，二者都是公司做决定的指导原则，这可使员工们明辨是非，做正确之选，而不容许有任何妥协让步。如果做不到百分百的诚实诚信，公司就不配得到客户、同事、社区和股东的信任。

以下是一些公司如何诚实诚信行事的要求：①任何人都不得为个人利益而使用属于西太平洋银行或客户的资金、财产或信息，也不可以协助他人这样做；②对于同事和客户的不诚实行为，应该立即报告；③不行贿、不利用疏通费或其他款项影响他人，也不接受贿赂或其他献金；④与客户和供应商的交易记录必须是准确而透明的。

（2）遵守法律与政策。

不遵守法律法规，无论是西太平洋银行还是员工个人都可能面临刑事制裁或其他严重后果。

西太平洋银行规定，如果个人不确定哪些法律法规适用，要及时联系法律和秘书处。

员工必须遵守西太平洋银行包括《行为准则》在内的内部政策与规程。如果不清楚什么政策规程适用于个人的工作，需要咨询和请示。

如果工作过程中出现法律法规与内部政策规程不一致之处，西太平洋银行要求员工依循较高的行为标准。

（3）客户是对的。

西太平洋银行认为，顾客可以理直气壮地说"客户是对的"这句话，因为这是公司文化不可或缺的一部分。西太平洋银行的员工们要同力协力做到以下几点：①设计符合客户需求的产品，并言出必行；②向客户提供信息，助其做出明智决策；③提出建议时，要始终如一地把顾客需求放在首位；④倾听客户投诉并采取行动；⑤避免不必要的产品转换或索赔障碍。

（4）尊重机密，不滥用信息。

在西太平洋银行工作时，可能会遇到有关客户、供应商或其他第三方的机密信息，此时必须尊重他们给予公司的信任，除非有授权或法律允许，否则绝不可使用或披露这些信息。同样，如果遇到有关西太平洋银行的机密信息，如战略信息，也不得滥用或披露，而且不得使用这些信息获取个人利益或为他人谋利。这些义务在员工离开西太平洋银行之后仍然适用。

（5）重视并保持专业精神。

每个人在工作时或对外工作时的行为方式会直接影响到别人对公司的看法，进而会影响对西太平洋银行的看法。作为员工，应该始终以专业和道德的方式行事，所做的每一件事都要力求卓越。

西太平洋银行设定的必须重视和保持专业精神的要求如下：①在工作或与工作相关的社会职责上表现得当；②对自己的决定与行为负责；③不断提高技能与知识，在本职岗位上取得卓越成绩；④只向客户提供明确授权或有资格提供的建议，如财务咨询；⑤对西太平洋银行的财产，包括信息技术，只用于正当用途。

（6）精诚协作。

西太平洋银行认为应该彼此尊重且友善待人，应该创造让每一成员都能充分发挥其潜能的团队环境。如果不关心员工的健康、安全与福祉，公司就无法实现"成为世界上最伟大公司之一"这一企业愿景。

西太平洋银行认识到员工多样性这一点举足轻重，因而公司重视并尊重彼此之间的差异，而且不容忍任何欺凌、骚扰、非法歧视或其他冒犯行为。

以下是公司精诚协作的要求：①言行一致，绝对不会说一套做一套；②相互支持，不危害他人；③无论在西太平洋银行哪个岗位，都要与同事精诚合作，为客户做正确之事；④对工作环境负责，出现任何问题，即刻报告。

（7）负责任地管理利益冲突。

潜在的利益冲突每天都可能出现，为了使员工们能够正确地认识和处理这些冲突，西太平洋银行认为坚持一条简明扼要的原则是必要的，这一原则就是：员工们不要参与个人利益与公司义务相冲突的活动，同样，不应该将自己置于与客户利益相冲突的对立面。

西太平洋银行规定了管理利益冲突的具体做法，主要内容如下：①员工在接受非西太平洋银行公司董事会董事职务之前，须征得高管人员的同意；②每一名员工都应该向经理坦白个人在与客户或供应商的业务中涉及的任何物质利益；③对于西太平洋银行工作以外的商业活动，如果可能会对个人履行在西太平洋银行的职责与责任产生不利影响时，那么就不要参加，即使没有这种潜在的不利影响，也应该在参加这些活动之前征得经理同意；④员工们不可以索取、接受或提供任何可能影响或被视为会影响商业判断的金钱、礼物、优惠或款待；⑤除非在非常特定的情况下,员工们不得接受礼品;⑥员工们不要处理自己的交易或朋友、亲戚及生意伙伴的交易;⑦员工们不要买卖西太平洋银行公司或任何其他实体的股票,如果得到通常无法在市场上获得且十分重要的信息时,不能将该信息传播给其他人。

第6章　澳新银行集团的企业文化与企业管理[①]

本章要研究的是澳大利亚的澳新银行集团，这是一家拥有 180 多年发展历史的老牌银行企业，在澳大利亚以至世界金融行业当中都占有重要的地位，与中国企业有着广泛的业务关系。

6.1　澳新银行集团的企业情况介绍

澳新银行集团的前身是 1835 年成立于悉尼的澳大利亚银行，现在的总部设在墨尔本。

澳大利亚银行成立以后，企业规模不断扩大，许多银行被并入，时至今日，它已经是澳大利亚四大银行之一，是新西兰和太平洋地区最大的银行集团，并已跻身于全球前 50 家银行的行列。

拥有 180 多年光荣传统的澳新银行集团目前在全球 34 个市场开展业务，这些市场遍布澳大利亚、新西兰、亚洲、太平洋、欧洲、美洲和中东等地，在中国的北京、上海和成都等地都设有分行。

澳新银行集团在 2014 年的世界排名是第 352 位，在 2015 年的世界排名是第 368 位，在 2016 年的世界排名回升到第 362 位，在 2017 年的世界排名降至第 418 位。以 2015 年为例，其营业收入为 329 亿美元，利润收入为 66 亿美元。

---

① 资料来源：https://www.anz.com.au/。

6.2　澳新银行集团的企业价值观及其解读

如果用一句话来概括澳新银行集团的企业价值观，那就是：做好正确的事情。

澳新银行集团又将其价值观"为了做好正确的事情"细化为五个方面，即正直诚信、精诚合作、问责自己、尊重顾客和追求卓越。

其中"正直诚信"是其核心价值观，公司对于"正直诚信"的理解是"Do what is right"，这句话的意思就是"做正确之事"。此话虽然非常简短，但却是澳新银行集团对于自己提出的明确要求，也是对于"正直诚信"最为质朴的解读。

"精诚合作"是其第二价值观，"精诚合作"的对象是客户和股东，用其语言表达就是"Connect and work as one for our customers and shareholders"，即"与客户和股东建立联系并通力合作"。

"问责自己"是其第三价值观，等同于其他企业所说的"问责制"，用其特有的语言表达就是"Own your actions, make it happen"，意即"自己做事自己负责"，类似于中国人习惯上所说的"一人做事一人当"。

"尊重顾客"是其第四价值观，"Value every voice, bring the customer's view to ANZ"，意思是"重视每一个人的意见，将顾客心声带至澳新银行"。

"追求卓越"是其第五价值观，对此有三个方面的要求，即"Be your best, help people progress, be business minded"，意思是"做最好的自己，帮助别人进步，做出精明的决定"。

从整体上看这五个价值观，其中第一个价值观针对企业而提，第二个价值观针对客户和股东而提，第三个价值观与第五个价值观针对员工而提，第四个价值观针对顾客而提。把这五个价值观合在一起，从中也可以看出澳新银行集团的企业宗旨，澳新银行集团以此作为指导，可以正确处理与员工、顾客、股东和客户等相关利益者之间的关系。

6.3　澳新银行集团的员工理念与员工关系

关于澳新银行集团的员工理念，可以借助其人力资源总监苏西·巴巴尼的报告进行了解，以下是其相关报告的一部分内容：

ANZ has an exciting ambition to become a super regional bank—providing the scale and quality of a global business to customers in our core markets of Australia, New Zealand, Asia and the Pacific.

In order to achieve our goals, we know we need to nurture great people. That's why we've made it our business to be an organization where people want to work and can deliver their best.

We expect you to take ownership of your career and ambitions while we provide learning and development opportunities to help you achieve your goals, as well as competitive remuneration and benefits. In line with our focus on outperformance, employees who deliver great results and outperform while doing the right thing can expect to receive higher rewards.

We want the best talent working at ANZ—no matter who they are or where they're from. Diversity of ideas and experiences is key to our success.

ANZ is a culturally diverse organization with employees born in more than 130 countries who speak over 90 languages, and we promote flexibility as the way we work. Our work/life flexibility options include: flexible hours, job sharing, roaming work, part-time work, career extension for over 55s, career breaks and carer's, and study leave.

We're proud to be recognized as a mature age champion by the Federal Government and an Employer of Choice for Women by EOWA (Equal Opportunity for Women in the Workplace Agency).

Through our Reconciliation and Disability Action Plans, we're committed to meeting significant targets for the employment of Indigenous Australians and people with disabilities.

If you believe you've got the skills and drive to help contribute to ANZ's success, find out more about working at ANZ here.

We'd love you to be part of our team!

以上讲话要表达的主要意思是：

澳新银行集团立志成为一家超级区域性银行——为澳大利亚、新西兰、亚洲和太平洋等地核心市场的客户提供全球规模和品质的服务，这种雄心勃勃之态令人振奋！

为实现这一目标，我们首先需要培养优秀的员工，这就是我们把自己的企业变成了人们所向往之地的原因。

我们期望您能成为自己的职业和抱负的舵手，充分利用我们为您提供的学习和发展机会，到达理想的彼岸。当然，我们也会为您提供绝对有竞争力的薪酬和福利。另外，因为我们看重突出表现，所以如果你做得正确、成果非凡、表现不俗，你就可以得到更多的回报。

澳新银行集团希望拥有最棒的人才——不管是谁，不问出处，因为不同想法、不同经验才是我们成功的关键。

澳新银行集团是多元文化的沃土，因为我们的员工来自 130 多个国家，讲 90 多种语言，所以我们提倡灵活的工作方式。这种弹性工作或生活方式表现为工作时间灵活、工作共担、工作地点灵活、兼职工作、55 岁以上返聘、停薪留职、护理照顾和学习深造等多种方式。

我们荣膺联邦政府所颁发的成熟年龄之冠，并被 EOWA（Equal Opportunityfor Women in the work place Agency，职场女性机会平等机构）选为女性最期望之雇主。

通过"和解与残疾恢复计划"，我们全力以赴去实现澳大利亚原住民和残疾人就业的重大目标。

如果您技术过硬、斗志昂扬，有信心助力澳新银行集团的成功，那么请您了解更多关于在澳新银行集团工作的信息。

我们期待您的加入！

分析该讲话，有四个方面值得思考。

（1）这是一家有雄心壮志的企业，它虽然说要立志成为一家超级区域性银行，但实际上已经成为一家真正具有影响力的国际银行。这一点对于员工来说很重要，因为只有企业足够强大或者在努力追求强大之际，才有员工施展所学与能力的机会。这是企业发展与员工成长的必然逻辑，同时也是一个员工发展的前提，更是许多求职者希望进入更大企业发展的重要原因。相反地，如果企业没有大追求，则员工就不知应该如何去追求和追求什么，个人进入这样的企业工作，就会和这个企业一样很难成功。

（2）企业的成功源自于员工的不断成功，过多地管理员工而不给员工成长的机会，这样的企业自身也难以成功。很多成长中的企业一直在为如何控制员工而努力，而到头来员工有可能被管理得很听话，但是其创造性工作的热情有可能就消失了。所以说，真正优秀的企业并不会把过多地精力放在控制员工身上，而是要放在如何帮助员工成长上面。员工成长了，工作能力自然会提升。所有的员工都提升了工作能力，企业当然就会快步前进，不断地取得成功。如果搞不清楚这一点，任何最有效的人力资源管理工具最终都将会失去它的作用。

（3）企业经营最应该看重的是四个方面的工作：其一，打造核心竞争力，这是工作主线；其二，企业定位与战略目标，这是员工与企业共同发展的导向；其三，企业文化管理，它要回答企业应该往哪个方向走，与谁一起走，要走多远，以及如何走等事关企业发展的重大问题；其四，绩效管理，最好的绩效管理必须是以多多给予员工收益为前提，用澳新银行集团的话讲就是"我们会为您提供绝对有竞争力的薪酬和福利"，这是员工最为看重的。当然，企业也不会白白送给员工收益，所以"如果你做得正确、成果非凡、表现不俗，你就可以得到更多的回报"。很多企业以控制人工成本为前提推行绩效管理工作，但以这样的理念为指导所开展的绩效管理工作往往不会成功。

（4）如果企业希望吸引到最为优秀的人才，自身就必须建立多元包容的文化，要做到"不管是谁，不问出处"，只要有想法，只要有不同的经验，都要广为招揽，全面使用，这才是企业成功的关键。

基于以上员工理念，澳新银行集团在处理员工关系方面又明确了四个重点，而其核心指导思想就是要营造一个鼓励员工表达自己的想法、意见和关切的工作环境。

第一个工作重点是强调员工参与。澳新银行集团相信，积极进取、勤勉敬业、知识渊博的员工将为客户提供最好的服务，并成为公司的长远成功的一大助力。所以，澳新银行集团每年都要进行一次员工敬业调查。在调查之后，澳新银行集团会制订集团、部门和地方各级行动计划，以处理调查员工反馈意见，并定期向澳新银行管理委员会报告进展情况。

第二个工作重点是强调为员工建立更好的工作条件。澳新银行集团承诺遵循人权标准及商业价值观，为员工提供公平合理的雇佣条款和条件。在很多情况下，澳新银行集团员工的就业条件来自于员工与工会谈判达成的行业文书、协议及人力资源政策。

第三个工作重点是强调结社自由。澳新银行集团的员工可以自主选择加入或不加入社团，对此公司表示尊重；对其做出是否加入社团的决定，公司也不干涉，同时不歧视员工或员工代表，坚定执行"结社自由政策承诺"。如果当地法律禁止"结社自由政策"，澳新银行集团就会遵守当地法律，同时在企业内部，在允许的范围内，实施公司所承诺的原则。

第四个工作重点是关于歧视事件。澳新银行集团制定的"机会平等、欺凌骚扰政策"涵盖了澳新银行集团对任何由于年龄、性别、种族、性取向或父母而产生的欺凌、骚扰或歧视等行为的处理方法。

在澳新银行集团，公司尊重所有员工，坚信员工在工作环境中享有如下权利：没有歧视、远离骚扰、职场霸凌和受害报复（统称"不可接受行为"）等。

为处理如上不可接受行为，澳新银行集团采取了从自行解决到员工关系专家正式介入调查等若干不同做法与步骤。

6.4　澳新银行集团的培训与发展

澳新银行集团汇聚了该地区最具影响力和最受尊敬的银行专业人士。公司相信长期投资于自己的员工，并培养一种持续和自主学习的文化，必将有所回报。

澳新银行集团管理层意识到，在日益繁忙的世界里，公司需要为员工提供一系列正规和非正式的学习、发展和成长途径。

澳新银行集团对于员工的正式培训内容包括四个方面，即：

（1）基于知识、技能与能力的培训，包括课堂培训和在线培训两种模式；

（2）在日常工作过程当中的辅导与指导；

（3）进行银行核心学科的高等教育；

（4）坚持行业认证及持续专业进修。

澳新银行集团对于员工的非正式培训内容也包括四个方面，即：

（1）借助项目/借调/任务指派及其他在职工作进行经验交流；

（2）点对点进行辅导；

（3）加强社会协作和知识共享工作；

（4）利用在线研究文库、方法与论文进行交流。

其中，关于项目培训是公司与主要机构或者专家合作制定的，重点是在领导力、风险防范、销售服务、业务运营、银行业务、数字技术以及专业技术技能等领域培养战略能力，这些项目同时也强化了企业的核心价值观。

此外，企业还有世界级的人才管理计划，以促进高潜能目标发展，为员工提供商业关键技能与体验，以支持引导企业的超级区域目标。

6.5　澳新银行集团的多样性与包容性理念及其解读

澳新银行集团相信，充满活力、多元化和有包容性的员工队伍具有强大的内在力量，他们不同的背景、观点和生活经验有助于公司与客户建立牢固的联系，有助于业务创新，并有助于做出更明智的决定。

为此，澳新银行集团尽心竭力以确保员工能够考虑到顾客和市场的多样性，并力求充分挖掘利用所有员工的独特才能、差异观点和不同经验。同时公司通过创建性别均衡和多元化的管理层和工作团队，以及一个真正包容的工作环境，来建设一个反应敏捷、见识卓越的集团组织，这样公司就可以充分利用多样性以创造竞争优势。

在本书所研究的澳大利亚企业当中，几乎每一家都在关注员工的多样性，并在努力追求企业发展的包容性，各家企业于此所坚持的核心思想大同小异，而在具体实施的过程当中，所采用的方法却略有不同。

澳新银行集团的主要做法如下：澳新银行集团多样性和包容性措施是以一套强有力的人事制度、程序和政策为基础的，主要涉及以下几个方面，包括平等就业机会、关于欺凌和骚扰、弹性工作制度、为残疾员工提供合理的便利条件以及养育子女、照顾老人、儿童保育和其他照顾责任等。

下面详细介绍一下澳新银行集团在多样性与包容性发展过程当中所推行的重点工作。

第一个方面是力求性别平衡。

在澳新银行集团看来，性别平衡是企业发展的当务之急。公司认为，确保管理团队中男女平等代表权关乎的不仅仅是性别平等问题，它还关系到能否获得两性平等所带来的人才、市场和商机。如果把前者追求性别平衡看作是方法，则后者是其所追求的主要目标。

为了支持性别平衡目标，澳新银行集团加入了由澳大利亚性别歧视专员于2010 年建立的 MCC（Male Champions of Change，男性变革卫士）组织，并成为其中优秀的成员。作为这一组织的一部分，公司的 CEO 连同其他 20 多家机构，共同致力于提高女性在领导层中地位的 MCC 计划。这一计划的主要内容包括如下几个方面。

（1）成为鼓舞人心的管理者。

澳新银行集团全心全意公开倡导性别均衡，提高对两性平等问题的认识，并确保管理者亲自推动变革。

（2）有责任建立一支充满活力、充满包容性的员工队伍。

澳新银行集团确保管理者通过将绩效评估结果与薪酬相挂钩，来完成性别均衡之使命，并为其提供分析工具和方法，以有效监测和衡量进展情况。

（3）打破现状建立包容性文化。

澳新银行集团知道，要实现意义重大的变革，需要不断地挑战主流观点、惯例和流程。公司积极主动地减少决策中固有的无意识偏见，方法是注重能力建设，并建立"下限条款"，以消除政策、流程和系统中的偏差。

（4）通过消除护理人员的职业障碍，培养全面的管理者。

澳新银行集团相信，生活经历可以造就员工能力，而这种能力又可以为客户创造价值。公司正在努力通过解决银行内部存在的系统性偏见来消除可能存在于需承担育儿或照顾责任的员工身上的障碍与偏见。

澳新银行集团以年中和全年公司可持续性审查为基础，每年都会进行两次关于公共目标执行状况的业绩报告，其中公司可持续性审查还专门强调了为解决性别均衡问题而制定的一些主要措施和方案，主要包括以下几个方面。

（1）性别均衡的征聘做法。

在招聘员工的时候，要确保每一岗位都有女性应聘人员参加面试，而所有面试委员会中至少要有一名女性评委。

（2）弹性工作。

在澳新银行集团，所有岗位都可以实行弹性工作方式，这样就可以更好地满足客户和员工的需求。

（3）知名女性。

这是一个旨在培养公司高级女性管理者信心和能力的项目，树立其作为传统和社交媒体专家的地位，现在该方案已经扩大到集团中更深层次的领导层。

（4）提高女性银行业经验。

女性管理人员轮岗计划可以帮助女性更广泛地体验银行业务。

（5）委员会承诺。

CEO 承诺，确保所有内部和外部委员会在演讲活动中考虑到性别均衡问题。

（6）员工网络。

建立关注性别平衡问题和增强女性劳动力信心的基层网络。

因为澳新银行集团在性别平衡方面的努力，使公司成为澳大利亚工作场所两性平等机构授予的"性别平等选择雇主"。根据"2014 工作场所性别平等法"，澳新银行集团每年会向该工作组公开报告。

第二个方面是支持文化多样性。

因为澳新银行集团在澳大利亚、新西兰、亚太地区、欧洲、美洲和中东等34 个市场开展业务，员工使用的语言多达 90 多种，代表了 200 种文化及族裔背景，所以其企业多样性的诉求必然离不开对文化多样性的追求。企业因此希望建立一支能够反映跨国别客户和社区多样性的员工队伍，并承诺要比其他任何人都更好地了解客户，了解他们的世界。针对于此，澳新银行集团设置了如下四个优先事项：

（1）让具有多元文化和文化素养的管理者成为公司的价值观楷模；

（2）利用员工文化多样性的固有优势，为客户和股东创造价值；

（3）鼓励员工拥有多样性，助其成为最好的自己；

（4）不断吸引、留住和聘用一支文化多元并具包容性的劳动力队伍。

第三个方面是重视少数族群。

为了表达对于少数族群的重视，澳新银行集团制定并实施了一项"本土行动计划"，它绘制了澳新银行集团对于澳大利亚原住民和托雷斯海峡岛民的财政和社会福利状况的长期承诺。

在2016年，公司与澳大利亚和解组织合作制订了一项和解行动计划，该计划体现了企业重新做出的今后几年的承诺，其中有一个很重要的内容就是"机会赋予"，这是圣劳伦斯兄弟会于2002年启动的就业安置计划，即为澳大利亚难民和寻求庇护者提供必要的技能与经验，以帮助他们进入劳动力市场。澳新银行集团与其他100多家参与者自2007年以来就一直参与澳大利亚各地的就业安置工作。

第四个方面是坚持无障碍性。

无障碍性是最能体现一个企业以至整个社会包容性的特质，澳大利亚众多企业在这个方面的做法非常值得中国企业学习。澳新银行集团在这个方面的认识如下：澳新银行集团竭尽所能地让公司的产品、服务、工作场所及文化向残疾人士敞开大门。澳新银行集团深知，残疾人关乎企业的方方面面，如客户、员工、市场、社区、供应商及主要利益相关者等。

澳新银行集团制订了无障碍性和包容性计划（ANZ's accessibility and inclusion plan，AIP），其工作的重点是改善客户和员工的无障碍和包容性，并促进改变社区对残疾人的态度，具体内容包括如下几个方面：

（1）继续通过创新及科技，使澳大利亚及新西兰的残疾人士及其照顾者更容易获得银行服务；

（2）将通用设计技术和无障碍性纳入产品开发的各个方面；

（3）通过理财金融素养方案，提高残疾人获得基本银行服务的机会；

（4）对顾客进行渗透教育，提高其使用数字银行的意识，并提高残疾员工独立参与金钱管理的能力。

除了以上内容外，澳新银行集团在无障碍性方面还采取了如下几个措施。

（1）关键地区社区参与。

通过合作加强与社区联系，改变对残疾人的态度，这是澳新银行集团永恒不变的重点；通过倾听和参与讨论，帮助残疾人及其照料者更多地参加社会活动，贡献一己之力。

为了落实这一举措，澳新银行集团在关键地区建立了多元包容的员工队伍，并实施了"尊严计划指南"，以确保集团工作岗位面向所有大众开放，同时还加强了相关方面的技术与创新，以为员工提供出色表现的工作手段和方式。

（2）建立澳新银行集团能力网。

澳新银行集团承诺确保尽心竭力地为客户和员工创建一个包容便利的银行环境，而建立澳新银行能力网是这一承诺的重要组成部分。通过利用残疾员工及其盟友的独特视角，可以不断地确保澳新银行集团的产品、服务和设施向所有人开放。这一网络始建于2005年，是一群来自整个澳新银行集团的志愿者员工发起的，他们齐心协力倡导用更好的方法来支持残疾员工和客户。该网络旨在促进包容性和多样性，提高人们对残疾和无障碍问题的认识，并在相应残疾问题上代表员工发声。

（3）提出技术无障碍政策。

澳新银行集团提出的"技术无障碍政策"概述了一套基于浏览器内容、个人电脑及桌面应用程序的无障碍设计标准，这一政策可以让员工和客户在努力履行工作职责、使用互联网服务或自动取款机时都享有最佳体验。

"技术无障碍政策"使得澳新银行集团与"联邦残疾歧视法"及澳大利亚银行家协会的"无障碍电子银行行业标准"保持了一致，而后者是改善无障碍电子银行的自愿标准。

第五个方面是尊重所有的性取向。

澳新银行集团公开坚持其多样性和包容性的性取向观点，将之视为企业的重要价值观之一，公司在这个方面的具体表述如下：尊重所有人及社区文化是澳新银行集团重要价值观之一。对 LGBTI（女同性恋，lesbians；男同性恋，gays；双性恋者，bisexuals；跨性别者，transgender；双性人，intersexuality）客户和员工的包容是公司重要工作内容之一。

为了切实履行企业对于 LGBTI 客户和员工给予包容的承诺，澳新银行集团着重加强了以下四个方面的工作：

（1）通过教育提高人们对于 LGBTI 问题的认识，以促进尊重与包容；

（2）通过网络、信息和资源以向 LGBTI 客户与员工提供支持；

（3）采取积极的行动，以确保消除政策与程序中的无意识偏见；

（4）通过各种伙伴关系以鼓励 LGBTI 客户与员工参与社区活动。

经过多年的努力，澳新银行集团已经成为澳大利亚、中国香港以及新西兰彩虹碑认证机构所认可的 LGBTI 金层雇主，公司为此还建立了"澳新银行力争上游网"，此网的目标是成为 LGBTI 同性恋及其盟友的发音器、联络点及支持者，并通过员工积极参与，以促进多样性、加强包容性和更加尊重各类员工。此外，澳新银行集团还是悉尼同性恋狂欢节的主要合作伙伴，自 2007 以来一直是其主要赞助商和参与者。

第六个方面是采用弹性工作方式。

澳新银行集团认为弹性工作对于促进超级区域战略的实现至关重要，它是吸引和留住顶尖人才的关键，也是促进一家企业成功所需要的灵活性和生产力的关键。

2015 年 2 月，澳新银行集团 CEO 宣布，在澳大利亚、新西兰、印度班加罗尔和中国香港的任何员工无论处于何种岗位因何原因都可以实行弹性工作方式，公司的目标是至少让 90%的澳新地区实施弹性工作政策。

澳新银行集团的弹性工作制内容包括：工作地点灵活、工作分担、非正式的临时安排、兼职工作、工作时间灵活、开始和结束时间灵活以及不同类型的个人休假。公司之所以这样的原因在于，客户不喜欢僵化的工作模式，员工们也喜欢更加灵活的工作方式，其具体表述如下。

对于客户，弹性工作关系到如何满足其不断变化的需求，这就越来越需要公司在标准时间之外有更灵活、更多可用时间使人们能在正常办公地点以外的地方会面、与第三方合作、简化业务，并以更灵活、更创新和更及时的方式实现技术与空间对接。

对于员工，弹性工作就意味着公司支持员工以尽可能高效的方式取得最佳效果，让员工掌握好个人大事与努力工作之间的平衡。

第7章 澳大利亚电信公司的企业文化与企业管理[①]

本章要介绍和分析的是澳大利亚电信公司，这是一家在世界五百强名录上经常出现的企业，业务遍布澳大利亚和其他二十几个国家，其中也包括中国。

7.1 澳大利亚电信公司的企业情况介绍

澳大利亚电信公司是澳大利亚首屈一指的电信和信息服务公司，它拥有全方位的通信服务，在各电信市场均有参与竞争。

在澳大利亚，澳大利亚电信公司提供1 690万户移动服务、720万户固定语音服务，以及330万户零售固定宽带服务。

澳大利亚电信公司相信人们联系越紧密，获得的机会就越多，这就是公司坚信"每天努力为所有人创造一个辉煌灿烂紧密联结的未来"的原因。

因为坚信这一点，所以澳大利亚电信公司在澳大利亚建立了最大和最快的国家移动网络等简单易用的技术和内容解决方案。

因为坚信这一点，澳大利亚电信公司在不遗余力、比任何人都更好地服务于客户、更好地了解客户。它们为客户不仅提供数字链接的选择，也提供数字内容的选择。

因为坚信这一点，澳大利亚电信公司在包括中国在内的22个国家开展了相应业务。

在21世纪，机会属于相互连通的企业、政府、社区及个人。

作为澳大利亚领先的电信和信息服务公司，澳大利亚电信公司为帮助客户通过连接改善其生活和工作方式而感到由衷的自豪。

---

① 资料来源：https://www.telstra.com.au/。

7.2　澳大利亚电信公司的企业使命及其解读

当今世界正处于一个互联网与移动互联网的时代，在这个时代里，电信产业的发展是网络发展的基础，没有电信产业作为支撑，互联网就没有办法快速成长。同时，互联网的快速成长也使电信产业进入一个高速增长的时期，网络流量的增长速度超过了以往的任何时期，与之相伴的数字技术正在改变着这个世界的方方面面。

基于这样一种认识，澳大利亚电信公司提出了自己的企业使命，即"我们通过让所有人与所有事连接在一起，以实现这一转变"。用更加明确的方式表达就是"为每个人创造辉煌灿烂、相互联结的未来"。

分析这个企业使命，内含三个关键性的描述，其中第一个关键性的描述就是关键词"创造"，而如何创造，怎样理解创造，澳大利亚电信公司明确提出了自己的见解和口号，即：创造是澳大利亚电信公司的责任，而辉煌灿烂相互联结的未来不会凭空产生。只有澳大利亚电信公司才能将所有的部件一一组合，创建出一个完整的未来。

在这个企业使命当中，第二个关键性的描述是"辉煌灿烂相互联结的未来"，对此澳大利亚电信公司是这样要求自己的：辉煌灿烂相互联结的未来是澳大利亚电信公司的理想，是公司要为每一个客户所铸就的未来，是公司对国家和所有运营市场的责任！

在这个企业使命当中，第三个关键性的描述是"每个人"，意思是企业要关注每一个客户的需要，对此澳大利亚电信公司是这样解读的：因为每个人都是至关重要的，所以澳大利亚电信公司要为所有人服务。如果只是少数人从中受益，变革就无从发生，只有当足够多的人通过技术使得社会、经济和文化都发生变化时，变革才会出现。

把以上三个关键性描述联结到一起就是澳大利亚电信公司的完整企业使命描述，即"为每个人创造辉煌灿烂、相互联结的未来。"有了这样一个企业使命，便有了公司清晰的发展方向。

7.3　澳大利亚电信公司的企业价值观

西方英语系国家杰出企业所界定的企业价值观等同于中国企业所描述的企业

精神。

企业精神是指导员工具体行为的思想理念。企业价值观也在发挥同样的作用。关于企业价值观的作用，澳大利亚电信公司是这样进行说明的：仅有目标是不够的，澳大利亚电信公司还需要价值观来体现公司的立场，并对员工所做之事给予指导。价值观是企业的核心，员工的所作所为与之相辅相成。

分析这句话可以得出四个要点：

（1）价值观要代表企业的立场，借助价值观可以判断出一个企业的追求和诉求；

（2）价值观要用于指导企业的具体工作，如果不能指导员工的具体工作，那么价值观就形同虚设，是没有意义的；

（3）价值观是构成企业的核心，因为在它的指导下，员工的行为就代表了企业的核心诉求；

（4）价值观要用于衡量企业的行为，如果企业的行为与其所坚持的价值观不符，那么这个企业就会失去人们的信任。

给予澳大利亚电信公司员工工作指导的价值观有五个，它们分别是：

（1）Show we care；

（2）Work better，together；

（3）Trust each other to deliver；

（4）Make the complex simple。

（5）Find our courage。

第一个可以理解为"展现我们的关心与关注或关爱"；

第二个可以理解为"努力工作并且要共同更好地面对工作"；

第三个可以理解为"相互信任并传递彼此之间的信任"；

第四个可以理解为"化繁为简"；

第五个可以理解为"鼓足勇气"。

澳大利亚电信公司认为这五个价值观对于企业发展非常重要，这些就是澳大利亚电信公司所秉承的价值观，借助这些价值观可以衡量企业所有的行为。

建立一套价值观体系是容易的，而要把这些价值观落实到具体的工作当中却不容易，正如很多的中国企业都有自己的企业文化手册，可是员工在实际工作过程当中却并没有按照企业文化的指导展现自己的行为，这是令很多中国企业家非常苦恼的一件事情。

澳大利亚电信公司在这个方面的认识是"价值观需要行动来支撑"。为了以行动支撑价值观，公司认为企业员工还应该具备如下特质：

（1）乐于承担责任（Willingness to take responsibility）；

（2）坚决否认"别无选择"（Determination to never think，"I have no

choice"）；

　　（3）谦恭（Humility）；

　　（4）笃志好学（Desire to learn）。

　　这四个特质可以概括和转化为中国企业管理者熟悉的语言，就是有担当，坚决执行，不自大，好学习。

　　除了具备以上四个特质以外，澳大利亚电信公司还要求员工在价值观未能与行为符合时，必须勇于挑战自己和他人，这样做的理由是：只有价值观正确，企业战略才能得以实现，而企业战略的实现最终要依靠所有员工的共同努力。澳大利亚电信公司坚信如果能够将这些价值观付诸实施，它们就可创建一个新型公司——一个能为所有人创造辉煌灿烂、相互联结未来的公司。

　　针对价值观落地的问题，澳大利亚电信公司还制订和实施了两个计划，一个计划是"价值观标准"计划，另一个是"管理者紧密联系"计划。

　　第一个计划的目标是帮助管理者将价值观嵌入到团队文化之中，并将其应用到日常工作中去，这是价值观落地的关键。其具体陈述如下：为赋予企业目标和价值观以生命力，澳大利亚电信公司制订了一个全公司范围内的"价值观标准"计划，所有的澳洲电信管理者将在未来对其予以实施，该计划可以帮助管理者将价值观嵌入到团队文化之中，并将其应用到日常工作中去。

　　第二个计划是一个培养计划，主要针对高管人员，具体陈述如下：澳大利亚电信公司启动了一个"管理者紧密联系"计划，这将有助于1 400名高管在未来做出与企业目标及价值观相一致的决定。通过六个月的培训，参与者要学习如何在一个急速变化、极为复杂以及全球范围内相互依存日益紧密的商业环境中行事。该计划还将鼓励管理者发展一种更为个人化的领导方式，这对加强合作、建立高绩效文化大有裨益。

7.4　企业家致辞

　　以下是董事会主席凯瑟琳·利文斯顿和 CEO 安德鲁·佩恩早年的一个联合致辞，从中不仅可以看出他们对于时代发展特点的理解，而且还可以看出他们对所在行业的把握以及对于企业宗旨的坚持。

Dear Shareholders,

Telstra continued to perform strongly, growing revenues, adding fixed and mobile customer services, continuing to invest in our network advantage and returning $4.7 billion in dividends and buy-back proceeds to our shareholders.

We continued to execute on our strategy to improve customer advocacy, drive value from our core business and build pathways to future growth. We made good progress on our transition from a traditional telecommunications company into a world class technology company that empowers people to connect.

The markets within which we compete continue to undergo significant change, in Australia and around the world. Technology is driving rapid change and constant innovation across industries, with software and digitization improving delivery of services to customers and creating new opportunities for growth.

Within this dynamic environment, which in Australia includes the structural change of the industry as we transition to the National Broadband Network, we remain absolutely committed to improving the service we provide to our customers.

（1）Financial results and capital management

In our first full financial year operating without Hong Kong mobile business CSL, which we sold in May 2014, our results show that our business continues to perform strongly. On a reported basis, our total income was up 1.2 per cent and EBITDA was down 3.5 per cent. On a guidance basis, and excluding the CSL operating results from the prior period, our total income was up 6.6 per cent and EBITDA was up 4.5 per cent. The reduction in EBITDA on a reported basis reflects the one off profit of $561 million from the sale of CSL included in our 2014 results.

We are pleased to have again delivered on our financial commitments and to have delivered, in total, a 30.5 cent fully franked dividend for the 2015 financial year, distributing $3.7 billion to shareholders and representing a 3.4 per cent increase in dividends over FY14.

We continued to create shareholder value through capital and portfolio management. Our off market $1 billion share buy-back was substantially oversubscribed, a sign of the strong market support for this as an efficient way to return capital to shareholders.

Following feedback from our shareholders we also announced the reactivation of the Dividend Reinvestment Plan, which enables shareholders to reinvest either all or part of their dividend payments into additional fully paid Telstra shares in an easy and cost-effective way from the 2015 final dividend.

（2）Our strategy

During the year we maintained our focus on our three strategic pillars: improving customer advocacy, driving value from the core and building new growth businesses.

Improve customer advocacy

Our customers remain our highest priority and we continue to improve the way we interact with them. We are giving our customers more value and confidence, through our suite of products, as well as providing more personalized service experiences for both our business and consumer customers.

We continue to measure our progress and we actively seek feedback from our customers using our Net Promoter System (NPS). Our overall NPS score improved by five points over the 2015 financial year, building on the improvements we saw last year. While we have made significant progress, we know we have more to achieve.

Driving value from the core

Our investment in network superiority and customer advocacy initiatives continue to attract new customers and have led to the net addition of 664, 000 retail mobile customer services, and 189, 000 retail fixed broadband customers during FY15.

We are committed to maintaining our network leadership and will increase our investment in our mobile network providing an additional half a billion dollars for mobiles over the next two years. In total, over three years to June 2017 we expect to have invested more than $5 billion in Telstra's mobile network.

In June, we were selected to participate in one of the largest ever expansions of mobile coverage in regional and remote Australia through the Federal Government's Mobile Black Spot Program.

This will build on our existing 4G network, which already covers 94 per cent of the Australian population. Our objective is to expand this footprint to reach 99 per cent of the population, bringing coverage to more communities across the country. We also launched our new 4GX™ service, which utilizes our newly acquired 700 MHz spectrum to offer customers in over 1, 200 suburbs and towns some of the fastest mobile data speeds in the world.

We have also switched on Australia's largest Wi-Fi network, Telstra Air®, with 4, 000 Wi-Fi hotspots already provided in more than 250 towns and cities at launch. More than 50, 000 Telstra Air members have joined the network.

We aspire to offer Australians access to two million hotspots across the nation by 2020, and we already provide access to more than 16 million international hotspots through our partnership with Fon Wireless Ltd.

Throughout the year, we continued to transform our internal business processes to streamline the way we work and remove internal barriers that impede productivity. The total value achieved through our productivity program in FY15 was approximately $1 billion, including expense benefits, revenue benefits, cash and capital expenditure benefits and avoided costs. We have reinvested these benefits in the business to support our customer advocacy initiatives, growth in our customer base and building new growth businesses.

Build new growth businesses

Our strategic growth plan is designed to set the company up for continuing success into the future.

Investing in new businesses and growing telecommunications services in Asia supports our growth ambitions and significant progress has been made this year. We made a number of acquisitions, including Pacnet Limited, a provider of connectivity, managed services and data centers in the Asia Pacific region.

The Pacnet acquisition increased the scale and capability of our fixed infrastructure, network density and reach across the region, as well as our customer base and operational capability. In a recently published Gartner report on network services in the Asia Pacific, as a combined entity, Telstra and Pacnet were ranked number one for low-latency and high capacity networks, with the best submarine cable infrastructure in the region.

We announced our joint venture (JV) with Telkom Indonesia in the first half of the year. The JV launched a suite of Network Applications and Services (NAS) in the second half for domestic enterprises and multinationals operating throughout Indonesia.

Another growth opportunity, Telstra Health™, was formally launched during the 2015 financial year and will develop and deliver innovative technology solutions across the health industry.

(3) National Broadband Network (NBN)

During the year we finalized revised NBN Definitive agreements with NBN Co and the Commonwealth, preserving value for shareholders, as we maintained the overall value of the original agreements. These became effective in June 2015.

As with the original agreements, the estimated value of the revised agreements is based on a range of dependencies and assumptions over the long term life of the agreements.

(4) Part of the community

Telstra is committed to showing we care in the way we respond to important economic, social and environmental challenges.

Our longstanding investment in building people's digital skills and capabilities reflects our belief that digital connectivity is an increasingly essential service. This year we reached almost 117, 000 people through our digital literacy training programs and helped over one million vulnerable customers stay connected.

We are also committed to minimizing our environmental impacts and to working with our customers to achieve better environmental outcomes. This year our total carbon emissions decreased by 1.3 per cent despite data loads on our network increasing by 36 per cent. This meant our carbon emissions intensity reduced by 27 per cent, leaving us well positioned to meet our three year target.

（5）Looking ahead

We have a clear strategy and our focus for the year ahead remains on improving our customer service, ongoing investment in our network advantage and building pathways toward future, sustainable and long term growth.

We operate in a dynamic and competitive environment where technology is taking us into a world of rapid change, constant innovation and competition. We see great opportunity to embrace change, great opportunity for those of us that embrace technology innovation and great opportunity for Australian companies and Australian.

We understand that we need to continue to innovate and to ensure we can build our capability in our growth areas. At Telstra, we are investing in becoming a truly world class technology company that empowers people to connect.

In 2016 Telstra expects to deliver mid-single digit income growth and low-single digit EBITDA growth. Free cash flow is expected to be between $4.6 billion and $5.1 billion and capital expenditure to be around 15 per cent of sales to fund increased mobile network investment.

This guidance assumes wholesale product price stability and no impairments to investments, and excludes any proceeds on the sale of businesses, mergers and acquisitions and purchase of spectrum. Capex to sales guidance excludes externally funded capex.

The Australian Competition and Consumer Commission is consulting on new Access Determinations including a draft determination on Fixed Line Services. While Telstra disagrees with the draft decision on fixed line services, the EBITDA reduction in FY16 would be up to $90 million if implemented from October.

We would like to thank the leadership team and all of our employees for their commitment, effort and initiative. We also thank you for your loyalty as shareholders.

将以上致辞翻译如下：

亲爱的股东们：

澳大利亚电信公司持续表现强劲，收入不断提高，固定和移动客户服务稳步增加，我们将继续投资于网络优势项目，并将 47 亿美元的股息和回购收益返还给股东。

我们坚持企业战略，提高客户口碑，推动核心业务价值，并铺筑未来增长道路。在从传统电信公司转向成为"让人人连通成为可能"的世界级技术公司过程学中进展顺利。

澳大利亚和世界各地的市场竞争不断、瞬息万变。技术是推动力，正在推动着各个行业快速变革、不断创新，软件和数字化改善了客户服务，并创造了新的增长机会。

在澳大利亚这个充满创新的环境中，澳大利亚电信公司不断过渡到国家宽带网络，企业结构不断变革，在此过程中我们会不遗余力且毫无保留地改善客户服务。

（1）财务业绩与资本管理。

公司于 2014 年 5 月出售了香港移动通讯有限公司（CSL Mobile Limited），在首个没有中国香港移动业务的财年中，统计结果表明我们的业务持续表现强劲。据报告，公司总收入增长了 1.2%，未计利息、税项、折旧及摊销前的利润（earnings before interest，taxes，depreciation and amortization，EBITDA）下降了 3.5%。在指导文件基础上，除去前一时期香港移动通讯有限公司的营业成果，我们的总收入增长了 6.6%，EBITDA 增长了 4.5%。在报告中，EBITDA 减少是因为我们 2014 年度业绩中包括了销售香港移动通讯有限公司 5.61 亿美元的一次性利润。

我们无比欣慰于再次实现了我们的财政承诺，并在 2015 财政年度总共交付了 30.5% 的完全免税股息，向股东分配 37 亿美元，这比 2014 财年增加了 3.4%。

我们继续通过资本和投资组合管理创造股东价值，场外价值 10 亿美元的股票回购被大量超额认购，这表明市场对此大力支持，而且这是一种有效返还股东资本的方式。

根据股东反馈，我们还宣布重启股利再投资计划，即让股东将 2015 年末期股息的全部或一部分以一种简单核算的方式再投资于额外全部付讫的澳洲电信股票。

（2）企业战略。

在这一年里，我们一直把重点放在三大战略支柱上：改善客户宣传、驱动核心价值和建立新的增长业务。

第一，改善客户宣传。

客户始终是我们的重中之重，我们要不断改进彼此的互动方式，产品套装给客户提供了更多的价值和信心，同时我们也为商业和消费客户提供了更加个性化的服务体验。

我们不但关注已取得的进步，而且积极对待净推荐值（net promoter system, NPS）所提供的客户反馈。去年，我们的净推荐值分数比 2015 财年整体提高了 5 分，这一年的进步也是有目共睹的。然而，我们深知虽取得了重大进展，但还有更多的事要做。

第二，驱动核心价值。

公司的网络优势突出，客户宣传投入巨大，源源不断的新客户被吸引来了，仅 2015 财年我们就净增加了 66.4 万名零售移动客户和 18.9 万名固定宽带零售客户。

在网络方面，我公司一直遥遥领先，在未来两年内我们将增加对移动网络的投资，额外增加 5 亿美元用于移动电话发展。截至 2017 年 6 月，我们预计在移动网络上投资总额将超过 50 亿美元。

2017 年 6 月，我们被选中参加联邦政府组织的"移动盲点方案"，即实现对澳大利亚及偏远地区有史以来最大规模的移动网络覆盖。

这将以现有的 4G 网络为基础，目前该网络已经覆盖了 94%的澳大利亚人口，我们打算将这一数据提升至 99%，这样全国就有更多的社区可以受益。同时，我们还推出了新的 4 GX™服务，该服务应用了最新的 700 兆赫频谱，因此 1 200 多个郊区和城镇客户可以享受到世界上最快的移动数据服务。

我们还开通了澳大利亚最大的 Wi-Fi 网络"澳洲电信空中工程"，在启动时，250 多个城镇共提供了 4 000 个 Wi-Fi 热点，5 万多名"澳洲电信空中工程"的成员加入了该网络。

通过与丰无线有限公司合作，我们现今已实现了 1 600 多万个国际热点接入，我们希望在 2020 年底前实现在澳大利亚建立两百万个热点的目标。

在这一年中，我们继续改革内部业务流程，简化工作方式，并消除阻碍生产力的内部障碍。在 2015 财年，我们通过生产力计划创造的总价值约为 10 亿美元，包括支出收益、收入收益、现金和资本支出收益以及可避免成本。我们已将这些收益再投资于企业，以支持客户倡导计划、扩大客户群和建立新的增长业务。

第三，建立新的增长业务。

我们的战略发展计划旨在使公司在未来取得持续成功。

我们在亚洲投资新的业务，亚洲电信服务蒸蒸日上，这使得我们更加信心十足，今年公司取得了长足的进步，进行了大量收购，其中包括亚太环通有限公司，这是一家连通供应商，另外还收购了亚太地区多家管理服务和数据中心。

亚太环通的收购扩大了公司的规模，提高了固有基础设施的运营能力，加强了该地区的网络密度和范围，同时也增加了客户群并提高了我们的业务能力。最近公布了 Gartner 公司关于亚太整体网络服务报告，澳洲电信和亚太环通因其优良的海底电缆区内基础设施而位列低延迟和高容量网络排名第一。

今年上半年，我们宣布与印尼电信合资成立合资企业，该合资企业于下半年为在印度尼西亚各地运营的国内企业和跨国公司推出了一套网络应用和服务（network application and services，NAS）。

在 2015 财年我们正式启动了"澳洲电信健康项目"（Telstra Health™），该项目着力开发、实现整个医疗行业的创新技术解决方案。

（3）全国宽带网络。

年内，我们与全国宽带网络公司及英联邦签订了修订后的全国宽带网络最终协议，在保持原有协议整体价值的基础上，保障股东价值。这些措施于 2015 年 6 月生效。

与原有协议一样，订正协议的预估价值是以一系列长期协议为基础和条件的。

（4）社区成员。

澳洲电信重视应对重大经济、社会和环境挑战的反应。

我们长期投资于培养人们的数字技术能力，这反映了我们的理念，即数字连接服务日益重要。今年，我们的数字扫盲培训课程培训了近 11.7 万人，并帮助了 100 多万有困难的客户保持网络连接。

公司还不遗余力地减少对环境的影响，与客户合作，以取得更好的环境成果。今年，尽管网络数据负荷增加了 36%，但我们的碳排放总量却下降了 1.3%，这意味着我们的碳排放强度减少了 27%，这使我们距三年目标更近了一步！

（5）展望未来。

公司战略明确，未来一年的重点仍然是改善客户服务，继续投资于网络优势项目，形成面向未来、可持续的长期发展道路。

我们的环境充满活力，技术使得这个世界快速变化、不断创新且竞争激烈。这是迎接变革的人的重大机遇，是拥抱技术创新的人的重大机遇，也是澳大利亚公司及整个澳大利亚的重大机遇！

我们深知，创新不可间断，发展领域优势要不断建立。在澳洲电信，我们不断投入，力争成为一家让人们真正彼此相连的世界级技术公司。

在 2016 年，澳洲电信预计实现中等个位数的收入增长和低等个位数的 EBITDA（未计利息、税项、折旧及摊销前的利润）增长。自由现金流量将在 46 亿至 51 亿美元之间，资本支出将占销售额的 15% 左右，这部分支出将用在移动网络投资上。

本指南假定批发产品价格稳定，不影响投资，不包括企业销售、并购和购买频谱的任何收益，销售指南中的资本支出不包括外部供资的资本。

澳大利亚竞争和消费者委员会正在就新的准入决定进行磋商，包括关于固定线路服务的决定草案。虽然澳洲电信对此草案并不是很赞同，但如果从 10 月开始实施，2016财年的EBITDA削减额将高达9 000万美元。

我们要感谢我们领导团队和所有员工的不懈努力和积极进取，同时也要感谢股东们的忠诚陪伴！

7.5　联合国全球契约的十项原则

澳大利亚电信公司的高管们认为，企业的可持续性发展理念源自公司的价值观体系，它是企业经营所依循的原则，同时还体现了企业在人权、劳工、环境和反腐败等领域所履行的基本职责。为此，澳大利亚电信公司将"联合国全球契约"的十项原则纳入了企业战略、政策和流程，建立了诚信文化，他们认为这是公司对人类负责任的体现，这为公司的长期成功奠定了可持续发展的基础。

"联合国全球契约"十项原则的主要内容如下。

（1）人权。

原则1：对于国际社会公认的人权保护内容，企业应当给予支持和尊重；

原则2：确保企业之间不会沆瀣一气，对侵犯人权行为不包容。

（2）劳工。

原则3：企业应维护劳工结社自由，承认劳工集体谈判权；

原则4：消除一切形式的强制性劳动；

原则5：切实废止童工；

原则6：消除就业和职业歧视。

（3）环境。

原则7：针对环境挑战，企业应当支持预防性做法；

原则8：采取措施，承担更大的环境责任；

原则9：鼓励环境友好型技术的开发和推广。

（4）反腐败。

原则10：企业应努力打击一切形式的腐败，包括敲诈勒索和行贿索贿。

第8章 澳加美英四国企业精神文化比较

  本书是"西方英语系大国杰出公司企业文化研究系列"之一，前期已经出版了《美国杰出公司企业文化研究》、《英国杰出公司企业文化研究》和《加拿大杰出公司企业文化研究——基于加美英企业的比较》，所以作为这个研究系列同一类别研究的最后一本书，本书依照前三本书的写作路径，又研究了七家澳大利亚杰出公司的企业文化。

  为了更加全面地分析和了解西方英语系大国杰出公司企业精神文化的特点，在此把澳加美英四国共34家企业的精神文化内容集中进行了比较，以重点分析它们在企业使命、企业宗旨、企业愿景、企业价值观和企业理念五个方面的相同与不同之处。通过比较，可以更加精确地概括出西方英语系大国杰出公司在企业文化与企业管理方面能够为中国企业所借鉴的内容。

8.1 澳加美英四国企业精神文化整体情况比较

  为了比较澳加美英四国杰出公司企业精神文化的整体设计情况，可以首先针对每个国家的企业做一下统计，并且设计成表格。

  在这里需要说明两点：

  （1）关于企业精神文化，中国公司根据习惯往往将之设计成六个要素，这六个要素分别是企业使命、企业愿景、企业宗旨、企业核心价值观、企业精神和企业理念；而西方英语系主要大国杰出公司基于习惯将之设计为五个要素，即企业使命、企业愿景、企业宗旨、企业价值观和企业理念，本书采用的是西方英语系主要大国杰出公司习惯上使用的五要素划分法。

  （2）针对企业使命、企业愿景、企业宗旨、企业价值观和企业理念的设计，澳加美英四国杰出公司应该都有所提及，可是从公开的资料分析，有的企业只是突出强调了其中的几个，而其他方面的要素或者没有特别强调，或者融在另外的要素当中没有做专门的设计。这里主要统计的是它们公开提出的内容。

针对这五个方面要素按国家来进行统计，统计情况如表 8-1~表 8-4 所示。

表 8-1　澳大利亚杰出公司企业精神文化统计表

公司名称	企业使命	企业愿景	企业宗旨	企业价值观	企业理念
必和必拓			有	有	有
西农公司			有	有	有
伍尔沃斯		有	有	有	
澳洲联邦银行		有		有	有
西太平洋银行		有		有	有
澳新银行集团				有	有
澳大利亚电信公司	有			有	

表 8-2　加拿大杰出公司企业精神文化统计表

公司名称	企业使命	企业愿景	企业宗旨	企业价值观	企业理念
加拿大乔治威斯顿公司	有	有		有	
加拿大鲍尔集团					有
加拿大皇家银行		有	有	有	有
Couche-Tard 公司				有	
森科能源公司	有	有		有	
麦格纳国际		有			有
Enbridge 公司				有	有

表 8-3　美国杰出公司企业精神文化统计表

公司名称	企业使命	企业愿景	企业宗旨	企业价值观	企业理念
埃克森美孚石油公司	有	有	有		有
雪佛龙公司	有	有	有	有	有
威瑞森电信公司	有	有	有	有	
JP 摩根大通集团	有	有			有
波音公司	有	有		有	有
美国银行	有	有	有	有	
马拉松原油	有	有	有		有
花旗集团	有		有		有
富国银行	有	有		有	
宝洁公司	有	有	有	有	

表 8-4　英国杰出公司企业精神文化统计表

公司名称	企业使命	企业愿景	企业宗旨	企业价值观	企业理念
英国石油公司	有		有	有	有
乐购公司	有	有	有	有	有
汇丰银行控股公司	有	有		有	有
联合利华		有	有	有	有
南苏格兰电力			有	有	有
英国森特理克集团	有			有	
力拓集团	有	有		有	有
苏格兰皇家银行集团		有	有	有	有
金巴斯集团	有	有		有	有
BAE 系统公司	有	有		有	有

基于以上四个表格进行分析可知：

（1）本书研究系列所选择的 7 家澳大利亚杰出公司在设计其精神文化时，关注企业使命的有 1 家；关注企业愿景的有 3 家；关注企业宗旨的有 3 家；关注企业价值观的有 7 家，也就是所有的研究企业都认为企业价值观是非常重要的；关注企业理念的有 6 家，仅次于对企业价值观的关注。

（2）本书研究系列所选择的 7 家加拿大杰出公司在设计其精神文化时，关注企业使命的有 2 家；关注企业愿景的有 4 家；关注企业宗旨的有 1 家；关注企业价值观的有 5 家；关注企业理念的有 4 家。关注企业价值观的企业依然占多数。

（3）本书研究系列所选择的 10 家美国杰出公司在设计其精神文化时，关注企业使命的有 10 家，也就是所有的美国企业都非常看重对于企业使命的界定；关注企业愿景的有 9 家，仅次于对企业使命的关注；关注企业宗旨和企业价值观的各有 7 家；关注企业理念的有 8 家。

（4）本书研究系列所选择的 10 家英国杰出公司在设计其精神文化时，关注企业使命和企业愿景的各有 7 家；关注企业宗旨的有 5 家；关注企业价值观的有 10 家，这个数字与澳大利亚的企业相同；关注企业理念的有 9 家。

基于以上四个表格所统计的数据还可以制成另外一个表格，以更直观地反映出澳加美英四个国家的杰出公司对于企业精神文化五要素的关注情况，具体见表 8-5。

表 8-5　澳加美英四国杰出公司对于精神文化五要素设计情况统计表

要素	企业使命	企业愿景	企业宗旨	企业价值观	企业理念
澳大利亚杰出公司	1	3	3	7	6
加拿大杰出公司	2	4	1	5	4
美国杰出公司	10	9	7	7	8

要素	企业使命	企业愿景	企业宗旨	企业价值观	企业理念
英国杰出公司	7	7	5	10	9
四国合计	20	23	16	29	27

基于以上分析可以得出如下一些结论：

（1）在澳大利亚、加拿大、美国和英国的杰出公司当中，设计企业精神文化体系最为完整的是美国公司，其次是英国公司，然后才是加拿大公司和澳大利亚公司，而这四个国家在世界经济当中的排名也是这样一个顺序，即美国第一、英国第二、加拿大第三、澳大利亚第四。

（2）美国杰出公司最关注的精神文化要素是企业使命和企业愿景；澳大利亚与英国杰出公司普遍关注的精神文化要素是企业价值观和企业理念；加拿大杰出公司最关注的精神文化要素是企业价值观。由此也可以看出，澳大利亚、英国与加拿大的杰出公司更注重企业文化的实用性，而美国的杰出公司同时关注的还有企业文化的战略性和引领作用。

（3）在四个国家的所有杰出公司对于精神文化五要素的关注当中，其关注比率的顺序是企业价值观、企业理念、企业愿景、企业使命和企业宗旨，这与《加拿大杰出公司企业文化研究——基于加美英企业的比较》当中所形成的结论完全一样，由此也可以看出这四个国家在企业文化管理方面的共同趋势和其国家文化的相似性。这其中，集体关注率最高的是企业价值观，而集体关注率最低的是企业宗旨。根据这个统计数据也可以解释现实生活当中的一个现象：每当人们谈论企业文化时，往往首先想到的就是企业价值观和企业理念，企业价值观和企业理念仿佛就是企业文化本身，或者至少它们可以成为企业文化的代名词。

8.2　澳加美英四国企业的企业使命比较

基于表 8-3 的数据统计可知，10 家美国杰出公司都有关于企业使命的描述，这 10 家杰出公司分别是埃克森美孚石油公司、雪佛龙公司、威瑞森电信公司、JP 摩根大通集团、波音公司、美国银行、马拉松原油、花旗集团、富国银行和宝洁公司。

基于表 8-4 的数据统计可知，10 家英国杰出公司当中有 7 家企业描述了其企业使命，它们分别是英国石油公司、乐购公司、汇丰银行控股公司、英国森特理克集团、力拓集团、金巴斯集团和 BAE 系统公司。

根据表 8-2 的数据统计可知，在 7 家加拿大杰出公司当中有 2 家企业具有明确的企业使命界定，这两家公司分别是加拿大乔治威斯顿公司和森科能源公司。

　　根据表 8-1 的数据统计可知，在 7 家澳大利亚杰出公司当中只有 1 家企业具有明确的企业使命界定，这家企业就是澳大利亚电信公司。

　　通过能够收集到的以上关于企业使命描述的数据可以看出，在这一点上，澳大利亚、加拿大的企业和美国、英国的企业之间还存在着一定的差距。

　　为了全面展示 10 家美国企业、7 家英国企业、2 家加拿大企业、1 家澳大利亚企业关于企业使命描述的详细内容，让读者对于西方英语系主要大国之杰出公司的企业使命有一个充分的了解，下面将这20家企业的企业使命制成表格以供读者参考，见表 8-6。

表 8-6　澳加美英四国杰出公司企业使命描述表

公司名称	所属国家	企业使命
澳大利亚电信公司	澳大利亚	为每个人创造辉煌灿烂、相互联结的未来
埃克森美孚石油公司	美国	埃克森美孚石油公司承诺成为世界第一的石油和石油化学公司，为了实现这个目标，我们必须持续获得优异的财务和运营绩效，并让这些与我们坚持的高规格的伦理标准紧密地联系在一起
英国石油公司	英国	英国石油公司是世界上最主要的石油天然气一体化领导性公司之一。公司为客户提供交通燃料、供热能源、照明能源、发动机润滑油，以及用于绘画、制衣和包装等很多日常用途的石化产品。 通过上游和下游两个方面的主要业务操作，我们发现、开采和生产主要的能源并将其转化成人们所需的产品，我们的项目和为之而开展的操作有助于促进全世界各个国家和社区的就业、扩大投资和提高税收。 我们的目标是要在碳氢产业价值链中努力创造价值。这起于开发，终于能源供应及其他满足日常生活的基础产品
雪佛龙公司	美国	我们的员工在世界各地从事着伟大的事业。 我们的成功源自于我们的员工和他们的承诺以及用正确的方式去追求结果，这种方式的要求就是负责任地运营，高效率地执行，充分利用创新性的技术，并且为更有利的增长捕捉最新的发展机会。我们的企业使命要求我们：在全世界为了经济的可持续发展和人类的进步提供安全的必需的能源产品；做有能力的员工和有能力的企业并且信守承诺；善于做出正确的选择；要赢得投资人、顾客、政府、地方社区和员工们的赞赏，这不仅体现在我们要实现的目标上，还包括在我们实现目标的过程当中；展现世界一流的绩效水平
威瑞森电信公司	美国	我们的公司要通过优秀的服务工作和杰出的沟通经验把客户永远放在第一位，通过重视顾客我们可以为战略合作伙伴带来稳定的回报，给我们的员工提供有挑战性的和有意义的工作机会，为整个社会提供一些可以持久存在的价值观
JP 摩根大通集团	美国	JP 摩根大通集团已经服务顾客、战略合作伙伴和社会 200 多年了，自从公司成立之初就坚持着这样一个使命，对这个使命的最好描述来自于公司的创始人 J. Pierpont Morgan，他说，"我要强调的是任何时候我们的理念都是做第一流的公司，我们要有第一流的思想，并采用第一流的方式"
乐购集团	英国	让每一个到我们这里购物的人可以享受到更高品质的生活和更便捷的生活方式

续表

公司名称	所属国家	企业使命
美国银行	美国	我们是美国银行,一家可以让金融生活变得更美好的银行。我们把消费者、客户、社区和战略合作伙伴连接在一起,然后利用这种结合的力量使金融生活变得更美好
汇丰银行控股公司	英国	贯穿于我们的历史,我们一直在把客户与机遇联系起来向上发展。我们确保生意兴隆和经济繁荣,帮助人们实现他们的愿望、梦想和他们的抱负,这是我们的角色和目标
马拉松原油	美国	马拉松原油的企业使命是比较有意思的,那是因为这个公司又被分成了两个分别独立的公司,一个是马拉松原油公司,一个是马拉松石化公司。所以他们公司的企业使命是"一个令人骄傲的传统,两个郑重承诺的未来"。每一个公司都把自己定位于为了持续地保证战略合作伙伴的增长而不断地努力工作
波音公司	美国	我们努力工作,为了成就公司在航空航天工业领导者的地位
花旗集团	美国	花旗集团的企业使命是作为一个可以信赖的合作伙伴为我们的顾客负责任地提供金融服务以帮助他们能够不断地在经济上成长且有能力不断地进步。我们最核心的活动就是帮助客户保证资产的安全、向外借贷、帮助支付和评估资本市场。我们有两百多年的经验帮助客户面对世界性最强挑战并为他们建构巨大的发展机会。我们是花旗集团,全球性的银行,一个可以同时把上百个国家和城市几百万人联系起来的机构
富国银行	美国	我们希望满足顾客的金融需求并且帮助他们借助金融而成功。 除此之外,富国银行在其企业文化手册当中还补充了这样一句话:我们早上醒来就去努力工作的原因是我们希望能够帮助我们的顾客获得金融上的成功并满足他们在金融方面的需求,而这样做的结果就是我们为此而赚到了钱,除此以外没有任何其他的路可以走
宝洁公司	美国	为现在和未来的世世代代提供优质超值的品牌产品和服务,在全世界更多的地方,更全面地亲近和美化更多消费者的生活
英国森特理克集团	英国	我们是一家能源和服务公司。我们所做的一切的重点就是要满足顾客不断变化之需求
力拓集团	英国	力拓集团是一家全球矿产金属行业的领导性公司。 我们企业发展的重点是找寻、开采和加工地球上的矿物资源,以力求实现股东利益的最大化。我们有人员、能力和资源以确保供应全世界对于矿物资源的需求。建筑、通信、娱乐、运输、保健和可再生资源这些行业,或者还有更多的行业都依赖于我们所供应的产品
加拿大乔治威斯顿公司	加拿大	加拿大乔治威斯顿公司的企业使命是成为北美地区客户心目中公认的最佳烘焙问题解决专家
森科能源公司	加拿大	在森科能源公司,我们的企业使命是确立核心目标并用于指导我们的行为与活动。为更美好的世界创造能源,这就是我们的核心目标,也是我们每天的追求
金巴斯集团	英国	我们的企业使命阐述我们将如何实现这一目标,即金巴斯集团的每一个成员都致力于始终如一地以最有效的方式提供优质的服务,这样做的目的在于和我们的客户、股东与员工分享共同的收益
BAE系统公司	英国	确保股东利益可持续增长是我们一以贯之的使命,为此我们会全力以赴地去追求企业总体绩效的发展

表格当中的企业排序是这样设计的：

澳大利亚的企业放在前面，其他三个国家的企业排序依据其在 2015 年的世界排名，企业愿景、企业宗旨、企业价值观和企业理念的表格排序与此相同。

8.3　澳加美英四国企业的企业愿景比较

基于表 8-1 的数据统计可知，7 家澳大利亚杰出公司当中有 3 家提及企业愿景，它们分别是伍尔沃斯、澳洲联邦银行和西太平洋银行。

基于表 8-2 的数据统计可知，7 家加拿大杰出公司当中有 4 家提及企业愿景，它们分别是加拿大乔治威斯顿公司、加拿大皇家银行、森科能源公司和麦格纳国际。

基于表 8-3 的数据统计可知，10 家美国杰出公司当中有 9 家企业描述了企业愿景，它们分别是埃克森美孚石油公司、雪佛龙公司、威瑞森电信公司、JP摩根大通集团、波音公司、美国银行、马拉松原油、富国银行和宝洁公司。

基于表 8-4 的数据统计可知，10 家英国杰出公司当中关注企业愿景的有 7 家，它们分别是乐购公司、汇丰银行控股公司、联合利华、力拓集团、苏格兰皇家银行集团、金巴斯集团和 BAE 系统公司。

为了全面展示澳加美英四国 23 家杰出公司关于企业愿景描述的内容，让读者对于西方英语系主要大国之杰出公司的企业愿景有一个深入的认知并从中参考它们设计企业愿景的理念与方法，下面将这 23 家杰出公司的企业愿景制成表格以供读者参考，见表 8-7。

表 8-7　澳加美英四国杰出公司企业愿景描述表

公司名称	所属国家	企业愿景
伍尔沃斯	澳大利亚	无论男人、女人还是小孩都需要一个便利的地方，能够买到物美价廉的商品
澳洲联邦银行	澳大利亚	不遗余力确保提高员工、企业和社区的金融状况
西太平洋银行	澳大利亚	成为世界上最伟大的服务公司之一，帮助客户、社区和员工成功、成长
埃克森美孚石油公司	美国	埃克森美孚石油公司激励人们在我们所处的行业的各个领域都要保持领先的优势，那就要求我们公司的各种资源包括财务、管理、技术和人才都能够得到合理地使用以及正确的评价
雪佛龙公司	美国	企业愿景是雪佛龙公司之路的核心，那就是要成为一个全球化的能源公司，让全世界的人们因为这个公司的员工而敬佩，因为这个公司的合作伙伴而赞扬，因为这个公司的卓越的绩效表现而折服

续表

公司名称	所属国家	企业愿景
威瑞森电信公司	美国	威瑞森电信公司是一家全球领导企业，我们通过不断地创新交流方式和技术解决方案以帮助我们的顾客不断地革新和改善生活、工作和娱乐的方式
JP 摩根大通集团	美国	在我们要做和将做的所有事情当中，有一个目标是最为重要的，那就是要不断地提高我们客户的体验。我们会经常回顾曾经努力的经历，但目的是为了一个可以更好地服务客户的全新的视角，为了做到这一点，在每一个我们确定要进入的领域，我们都会做得更好，都要稳步地获得提高
乐购公司	英国	在我们工作的任何地方，我们都致力于帮助顾客、同事和社区过上更便捷的生活
美国银行	美国	我们对所工作与生活的社区和地域有一个强有力的承诺，那就是通过我们的借贷、投资、广告、业务办理和用工，为我们所在的区域提供有价值的资源
汇丰银行控股公司	英国	我们的目标是成为世界领先和最受推崇的国际化银行。我们的宗旨是将客户与机遇连联在一起以获取成长。我们有能力让业务蓬勃发展、经济繁荣，并帮助人们实现其愿望、梦想与抱负
马拉松原油	美国	马拉松原油的目标是成为一个最主要的独立开采商和生产商，为了做到这一点，公司需要在六个方面加强战略管理，包括：践行我们的价值观；对我们的员工进行投资；不断地提高在金融财务方面的使用效率；坚定地强化管理；最大化且高质量地使用资源；传递长期投资与合作的价值观
波音公司	美国	波音公司的企业愿景就是波音公司的企业使命，那就是"我们努力工作，为了成就公司在航空航天工业领导者的地位"
富国银行	美国	富国银行的"企业愿景"也是其"企业使命"，即：我们希望满足我们顾客的金融需求并且帮助他们借助金融而成功
宝洁公司	美国	成为并被公认为是提供世界一流消费品和服务的公司
联合利华	英国	联合利华有一个简单但清晰的目标，那就是制造可持续的生活用品，我们相信这是确保我们企业长期发展的最好途径
力拓集团	英国	矿业部门的市场形势面临严峻挑战。为了应对这些挑战，我们在所有的业务当中加倍关注生产率，降低成本和资本约束——从现有的业务中挤压最大可能的收益以确保发展得最好的项目可以吸引新的资金。因此在这个行业其他人走上类似道路的时候，我们提早在这一领域当机立断的行动已结出累累硕果。资金实力已成为这一行业中的关键因素，相对于业内同行，我们的资产负债表有一定的优势。虽然目前存在挑战，还有很多不确定性，但是从长远角度看，采矿业的发展仍是乐观的。到 2030 年，我们预计仅在中国就有 2 亿 2 000 万新的城市居民。在印度和东盟，就目前的趋势表明，大约有 2 亿 5 000 万人将在同一时期内实现城市化。除中国以外的亚洲新兴经济体，在接下来的 15 年 GDP 增长率预计为每年百分之五到百分之六。这些因素导致我们生产的矿物质和金属的需求可以成为现代生活的基本要素

续表

公司名称	所属国家	企业愿景
加拿大乔治威斯顿公司	加拿大	加拿大乔治威斯顿公司的企业愿景以三个原则为中心，它们分别是发展、创新和灵活性。 加拿大乔治威斯顿公司公司在运营的部分寻求长期和稳定的发展，与此同时接受长期资本投资产生的审慎的运营风险。我们的目标是借助通用股价升值和分红为股东提供可持续性的回报。 加拿大乔治威斯顿公司相信无论是现在还是未来，要想获得长期的成功就必须满足客户或顾客之所需。我们鼓励创新，所以我们能够一直以极具有竞争力的价格为我们的顾客提供产品和服务
加拿大皇家银行	加拿大	成为世界上最值得信赖和最为成功的金融机构之一
苏格兰皇家银行集团	英国	我们的愿景是获得客户、股东和社会的信任、尊敬和珍视
森科能源公司	加拿大	我们有一个愿景，借助它可以勾画我们的未来蓝图，并让我们在来日可以自成一隅。 森科能源公司的企业愿景就是成为宝贵自然资源最可信赖的管家。无论是现在还是未来，我们将以价值观为导向，引领经济繁荣，社会福利改善和环境健康的未来之路。 这就是我们自己和公司的未来之路。换句话说，也就是我们森科能源公司森科能源公司在世界上的定位
麦格纳国际	加拿大	我们的目标是通过创新工艺和世界级的制造水准为客户创造卓越价值，进而成为客户在汽车行业的首选全球供应商与合作伙伴。我们身体力行，努力成为最佳雇主，有道德、具责任感的企业公民以及股东引以为傲的长期投资对象
金巴斯集团	英国	努力达成所愿
BAE 系统公司	英国	成为首屈一指的全球防卫、航空航天和安全保障公司

8.4　澳加美英四国企业的企业宗旨比较

基于表 8-1 的数据统计可知，在 7 家澳大利亚杰出公司当中有 3 家设计了企业宗旨，它们分别是必和必拓、西农公司和伍尔沃斯。

基于表 8-2 的数据统计可知，在 7 家加拿大杰出公司当中只有 1 家提及企业宗旨，这家公司是加拿大皇家银行，其他企业也有提及，只不过是把它融入其他精神文化要素当中进行表述而没有专门进行设计。

基于表 8-3 的数据统计可知，10 家美国杰出公司当中有 7 家企业描述了企业宗旨，它们分别是埃克森美孚石油公司、雪佛龙公司、威瑞森电信公司、美国银行、马拉松原油、花旗集团和宝洁公司。

基于表 8-4 的数据统计可知，10 家英国杰出公司当中关注企业宗旨的有 5 家，它们分别是英国石油公司、乐购公司、联合利华、南苏格兰电力和苏格兰皇家银行集团。

综合表 8-1~表 8-4 的数据可以得出一个结论：在澳加美英四个国家之所有杰出公司对于精神文化五要素的关注当中，集体关注率最低的是企业宗旨，只有16 家企业，其原因主要有三个方面：

（1）很多企业把"企业使命"和"企业宗旨"等同看待，没做专门设计；

（2）有的企业把"企业宗旨"融进"企业愿景"进行设计，没有专门描述；

（3）对于如何处理与员工、客户、社区和社会的关系，很多企业有专门提出的理念表述，诸如"员工理念"、"顾客至上理念"、"企业社会责任理念"、"可持续发理念"等，这类同于它们的"企业宗旨"。

为了详细展示以上澳加美英 16 家杰出公司关于企业宗旨描述的内容，下面将这其制成表格以供读者参考，见表 8-8。

表 8-8　澳加美英四国杰出公司企业宗旨描述表

公司名称	所属国家	企业宗旨
必和必拓	澳大利亚	我们是全球首屈一指的资源公司，要通过探索、收购、开发和销售自然资源等方式不断地为股东创造长远效益
西农公司	澳大利亚	以竞争和专业为基础，提供满足客户需求的商品和服务；为员工提供安全、满意的工作环境，奖励工作表现突出者，并提供晋升机会；通过有效开展现有业务和寻求企业扩张发展机遇，促进业务所在国的经济增长和繁荣；对公司所在社区的看法态度和期盼做出回应；大力强调环境保护；以及在公司内外的交易中以诚信正直的态度行事
伍尔沃斯	澳大利亚	与供应商合作密切这一点，一直让我们十分引以为豪，因为这样我们才能以最优惠的价格为消费者提供最好的产品。 作为一家拥有 198 000 多名员工的企业，我们对员工的安全孜孜以求，并尽力创造机遇，让员工充分发挥其潜能。 作为拥有数千家供应商的客户，我们的宗旨是合作、公平和注重互利。 作为对 441 000 多名直接股东负责的投资者，我们力求长期为其创造可持续价值。 作为社区睦邻，我们竭尽所能地成为直接股东在危机中的可靠后盾，并每天做出积极改变
埃克森美孚石油公司	美国	对于战略合作伙伴：我们承诺不断地提高他们投资的长期价值，以不负他们对于我们的信任。通过负责任地运营有利的业务，我们希望投资人能够为此得到超额的回报。而这种承诺就是我们管理公司的主要动力。对于顾客：我们会坚持不懈地发挥我们的能力以确保顾客们能够一如既往地满意。我们承诺不断地创新和及时地反应，并以最具竞争力的价格为顾客提供高质量的产品与服务。对于员工：我们优越的工作环境可以为员工提供有价值的竞争优势。基于这种优势，我们会一直努力地去招募和留住优秀的人才，并且通过不断地培训和发展给他们创造最大的追求成功的机会。我们承诺，通过开放的沟通、信任和公平相待可以为员工们提供一个安全的具有多样化和个性化的工作环境。对于社会：我们承诺在任何工作的地方都保持良好的合作公民形象。我们要保持高水平的道德标准，遵守法律和法规，尊重当地的以及该国的文化。为了以上这些目标，我们致力于安全地和对环境负责任地运营工作

公司名称	所属国家	企业宗旨
英国石油公司	英国	我们旨在以安全负责的方式来满足不断增长的能源需求并为股东创造长期的价值。我们力求成为世界级的运营商、有责任心的企业公民和优秀的雇主
雪佛龙公司	美国	我们的成功源自于我们的员工和他们的承诺以及用正确的方式追求结果，这种方式的要求就是负责任地运营，高效率地执行，充分利用创新性的技术，并且为更有利的增长捕捉最新的发展机会
威瑞森电信公司	美国	我们努力工作是因为顾客期待着我们高质量的交流服务，我们通过我们的产品和服务为顾客传递超值的体验。我们所做的一切都是基于我们所建立的强大的网络、系统和过程。我们借助高质量的和负责任的产品所传递的都是最高水平的服务，因为我们为他们提供了他们能够信赖的服务，所以顾客为此而乐于向我们支付我们的报酬
乐购公司	英国	了解对于每位股东，尤其是我们的客户和当地社区至关重要的事项，这是我们成功的关键
美国银行	美国	美国银行被这样的宗旨所引导，它帮助我们明确如何去管理这家公司以及如何为消费者和顾客提供他们所需要的金融需要。首先是顾客驱动，我们工作的一个非常清楚的目标就是帮助个人、公司和机构能够获得更好的金融服务。我们倾听顾客的需求，把它们与我们的公司连接起来并为他们传递解决的方案。我们强调使顾客的交流更容易，我们的专家更方便为他们服务，我们之间的关系更加友好。而且，当我们不断取得成功的时候，我们会将之与供应商、我们所在社区和战略合作伙伴进行分享。其次是为员工提供伟大的工作场所。美国银行努力成为一个吸引人才的地方；在这里们我们强调团队合作以取得成功；在这里每一个人都是负责任的和有能力的，他们可以为我们的消费者和顾客提供正确的选择；在这里每一人都会受到尊重，每一个具有多样化背景的人都能够取得成功；在这里每一个员工都可以尽情地释放其潜能。再次是管理风险。为了更加有效地管理风险，我们的公司必须变得更加强大，以帮助我们的消费者和顾客一如既往地实现他们的目标，使我们的战略合作伙伴可以一如既往地得到他们的回报。我们在各个方面强化训练以提高我们管理风险的能力，每一名员工都肩负着参与风险管理的责任。第四是进行卓越管理。第五是不断地向战略合作伙伴传递价值与回报
马拉松原油	美国	马拉松原油因为分成了两个相对独立的实体，所以我们可以分别看一下它的两家公司都在坚持什么样的企业宗旨：①马拉松石油公司通过负责任地生产石油和天然气以创造价值并满足世界经济增长对于能源的需求。为了做到这一点，我们针对战略合作伙伴和商业盟友采取负责任的行动，支持他们为了我们而工作，并且在我们管理未来承诺时不断地提高交流和沟通的水平，重点强调在经营和管理企业时保护我们的核心价值观，并以此来驱动我们的商业绩效。②马拉松石化公司通过为我们的顾客提供高质量的产品和服务来与我们的战略合作伙伴共同创造价值。我们坚定地相信我们如何经营的行为要始终如一地保守我们的底线。作为一个结果，我们努力地采取负责任行动以支持那些为我们工作的人，与我们一起工作的合作伙伴以及我们工作在那里的社区

公司名称	所属国家	企业宗旨
花旗集团	美国	花旗集团为了给消费者、合作伙伴、政府部门和其它机构提供广泛的金融服务和金融产品而永远不知疲倦地工作。我们用独创性的金融努力创造最好的产品以提供给我们的顾客和消费者，那将使所有的问题都可以得到轻松、有创造力和负责任地解决
宝洁公司	美国	为现在和未来的世世代代，提供优质超值的品牌产品和服务，在全世界更多的地方，更全面地亲近和美化更多消费者的生活。作为回报，我们将会获得领先的市场销售地位、不断增长的利润和价值，从而令我们的员工、股东以及我们生活和工作所处的社会共同繁荣
联合利华	英国	我们的企业宗旨意在表达了为了成功我们必须做到：面向我们工作在一起的每一个人，我们所接触的每一个社区，以及我们对之产生影响的所有环境，都应该坚持最高的企业行为标准
南苏格兰电力	英国	南苏格兰电力的核心宗旨：为人们的生活和企业的发展提供所需能源。我们负责任地且持续地为我们的客户、雇员、社区和股东提供其目前及长期需要
加拿大皇家银行	加拿大	助力客户成长和社区繁荣
苏格兰皇家银行集团	英国	我们拥有一个简单和唯一的目标，那就是要好好地为顾客服务。它是我们雄心勃勃地希望成为众所周知的坚持不懈地为顾客提供高品质服务银行而要努力工作的核心目标，我们希望获得顾客、股东和社区的信任、尊敬以及珍视

8.5　澳加美英四国企业的企业价值观比较

基于表 8-1 的数据统计可知，所有 7 家澳大利亚杰出公司都提出了自己的企业价值观，它说明了澳大利亚杰出公司对于这一企业精神文化要素的集体重视。不仅如此，依据前文的分析可知，在各家企业提出的价值观当中，也有很多内容是完全相同的，这说明澳大利亚杰出公司群体对于国家文化的集体认同。

基于表 8-2 的数据统计可知，在 7 家加拿大杰出公司当中有 5 家设计了企业价值观，这 5 家公司分别是加拿大乔治威斯顿公司、加拿大皇家银行、Couche-Tard 公司、森科能源公司和 Enbridge 公司。

基于表 8-3 的数据统计可知，10 家美国杰出公司当中有 7 家企业界定了其企业价值观，它们分别是雪佛龙公司、威瑞森电信公司、波音公司、美国银行、马拉松原油、富国银行和宝洁公司。

基于表 8-4 的数据统计可知，本研究系列所选择的 10 家英国案例企业全部描述了其企业价值观，这也足以说明整个英国企业界对于这一精神文化要素的重视之情。

为了全面展示澳加美英四国 29 家企业对于企业价值观的集中重视，下面将其制成详细的表格以供读者参考，见表 8-9。

表 8-9　澳加美英四国杰出公司企业价值观描述表

公司名称	所属国家	企业价值观
必和必拓	澳大利亚	（1）可持续； （2）守诚信； （3）尊重； （4）高绩效； （5）精简化； （6）问责制
西农公司	澳大利亚	（1）正直； （2）开放； （3）问责； （4）大胆
伍尔沃斯	澳大利亚	（1）重视道德； （2）勤恳； （3）负责任； （4）公开； （5）诚信； （6）公平； （7）透明； （8）以客户为本； （9）效率
澳洲联邦银行	澳大利亚	（1）诚信； （2）协作； （3）卓越； （4）问责； （5）服务
西太平洋银行	澳大利亚	（1）让客户称心如意； （2）合而为一； （3）诚信正直； （4）勇往直前； （5）不同凡响
澳新银行集团	澳大利亚	（1）正直诚信； （2）精诚合作； （3）问责自己； （4）尊重顾客； （5）追求卓越
澳大利亚电信公司	澳大利亚	（1）展现我们的关心与关注； （2）努力工作并且要共同更好地面对工作； （3）相互信任并传递彼此之间的信任； （4）化繁为简； （5）鼓足勇气

续表

公司名称	所属国家	企业价值观
英国石油公司	英国	（1）安全； （2）尊重； （3）卓越； （4）勇气； （5）团队
雪佛龙公司	美国	（1）诚实； （2）信任； （3）尊重多样性； （4）重视独创性； （5）合作； （6）人与环境优先； （7）追求优秀的绩效表现
威瑞森电信公司	美国	（1）诚实； （2）尊重； （3）追求优秀的绩效表现； （4）责任
乐购公司	英国	（1）竭尽全力为顾客服务； （2）用人们喜欢的方式对待他们； （3）小善举，大不同
美国银行	美国	（1）诚心为顾客服务； （2）建设伟大的工作平台； （3）有效地管理风险； （4）追求杰出的管理； （5）诚心为利益相关者提供最好的服务； （6）追求共同努力的目标； （7）负责任地采取行动； （8）充分重视和挖掘员工的能力
汇丰银行控股公司	英国	（1）可靠的； （2）接纳不同理念和文化； （3）与客户、社会、监管机构彼此紧密联系
马拉松原油	美国	（1）重视健康和安全； （2）加强环境管理； （3）开放和诚实； （4）建立友好的社区合作关系； （5）结果导向
波音公司	美国	（1）诚实； （2）质量； （3）安全； （4）多样性和内部提升； （5）信任和尊重； （6）做良好的企业公民； （7）确保利益相关者的成功

续表

公司名称	所属国家	企业价值观
富国银行	美国	（1）员工是竞争的优势所在； （2）注重伦理道德； （3）顾客永远正确； （4）多样性和内部提升； （5）人人是领导
宝洁公司	美国	（1）领导才能； （2）主人翁精神； （3）诚实正直； （4）积极求胜； （5）信任
联合利华	英国	（1）诚实以对； （2）积极影响； （3）长期责任； （4）建立愿景； （5）与人合作
南苏格兰电力	英国	（1）安全； （2）效率； （3）可持续性； （4）卓越； （5）团队合作
英国森特理克集团	英国	（1）优先考虑安全； （2）满足不断变化的客户需求； （3）确保能源为社会添砖加瓦； （4）保护环境； （5）积极的员工和合作伙伴关系
力拓集团	英国	（1）尊重； （2）正直； （3）团队合作； （4）责任追究
加拿大乔治威斯顿公司	加拿大	（1）卓越； （2）领导； （3）创新； （4）服务； （5）诚实
加拿大皇家银行	加拿大	（1）客户至上； （2）合作共赢； （3）主动负责； （4）多样包容； （5）坚守诚信
苏格兰皇家银行集团	英国	（1）顾客至上； （2）共同努力； （3）做正确之事； （4）长远考虑

公司名称	所属国家	企业价值观
Couche-Tard 公司	加拿大	（1）永远重视员工； （2）结果导向； （3）不断追求进步； （4）永远向前看式地发展； （5）保持创业精神
森科能源公司	加拿大	（1）安全至上； （2）尊重； （3）做正确之事； （4）更上一层楼； （5）勇于奉献
Enbridge 公司	加拿大	（1）诚信； （2）安全； （3）尊重
金巴斯集团	英国	（1）开放、信任和诚实； （2）追求品质； （3）通过团队合作赢得胜利； （4）责任； （5）安全可行
BAE 系统公司	英国	（1）信赖； （2）创新； （3）勇敢

8.6　澳加美英四国企业的企业理念比较

　　基于表 8-1 的数据统计可知，在 7 家澳大利亚杰出公司当中有 6 家设计了自己的企业理念，就是表 8-1 当中的前 6 家企业，它们分别是必和必拓、西农公司、伍尔沃斯、澳洲联邦银行、西太平洋银行、澳新银行集团。被这 6 家企业集中重视的是"员工理念"，其他的还有"多样性与包容性理念"、"可持续发展理念"和"企业责任理念"。

　　基于表 8-2 的数据统计可知，在 7 家加拿大杰出公司当中有 4 家提及企业理念，它们分别是加拿大鲍尔集团、加拿大皇家银行、麦格纳国际和 Enbridge 公司。被这四家杰出公司重视的企业理念有"多样性理念"、"员工理念"、"责任管理理念"、"创新发展理念"和"可持续发展理念"等。在这四家公司当中对于企业理念最为重视的企业要数加拿大鲍尔集团，这家公司同时关注了"责任管理理念"、"员工理念"和"多样性理念"。

　　基于表 8-3 的数据统计可知，在 10 家美国杰出公司当中有 8 家企业提出了自己的企业理念，它们分别是埃克森美孚石油公司、雪佛龙公司、威瑞森电信公司、JP摩根大通集团、波音公司、马拉松原油、花旗集团和富国银行。多数美国杰出公司比较集中重视的企业理念有"多样性理念"、"员工理念"、"战略发展理念"、"创新发展理念"、"统一理念"和"文化优先理念"等。在这些企业理念当中，最受美国企业重视的是"多样性理念"和"员工理念"，重视这两个理念的企业各达到 7 家之多。此外，重视"创新发展理念"的企业也有 4 家。

　　基于表 8-4 的数据统计可知，在 10 家英国杰出公司当中设计了自己公司之企业理念的有 9 家，它们分别是英国石油公司、乐购公司、汇丰银行控股公司、联合利华、南苏格兰电力、英国森特理克集团、苏格兰皇家银行集团、金巴斯集团和 BAE 系统公司。多数英国杰出公司比较集中关注的企业理念有"多样性理念"、"员工理念"、"战略发展理念"、"创新发展理念"等。在这些理念当中，英国企业最为关注的是"企业战略发展理念"，关注的企业数量达到了 8 家之多，这与其他国家杰出企业的情况略有不同。

　　以上杰出公司所关注的企业理念的详细情况如表 8-10 所示。

表 8-10　澳加美英四国杰出公司企业理念情况统计表

公司名称	所属国家	企业理念名称
必和必拓	澳大利亚	（1）多样性理念； （2）员工理念
西农公司	澳大利亚	（1）员工理念； （2）可持续发展理念
伍尔沃斯	澳大利亚	（1）员工理念； （2）企业责任理念
澳洲联邦银行	澳大利亚	（1）员工理念； （2）多样性与包容性理念
西太平洋银行	澳大利亚	（1）员工理念； （2）可持续发展理念
澳新银行集团	澳大利亚	（1）员工理念； （2）多样性与包容性理念
埃克森美孚石油公司	美国	（1）多样性理念； （2）员工理念； （3）创新发展理念
英国石油公司	英国	（1）战略发展理念； （2）员工理念
雪佛龙公司	美国	（1）多样性理念； （2）员工理念； （3）战略发展理念； （4）创新发展理念
威瑞森电信公司	美国	（1）多样性理念； （2）员工理念

续表

公司名称	所属国家	企业理念名称
JP 摩根大通集团	美国	（1）员工理念； （2）创新发展理念
乐购公司	英国	（1）战略发展理念； （2）员工理念
汇丰银行控股公司	英国	（1）战略发展理念； （2）多样性理念
马拉松原油	美国	多样性理念
波音公司	美国	（1）多样性理念； （2）员工理念
花旗集团	美国	（1）多样性理念； （2）员工理念； （3）创新发展理念
富国银行	美国	（1）多样性理念； （2）员工理念； （3）战略发展理念； （4）统一理念； （5）文化优先理念
联合利华	英国	（1）战略发展理念； （2）创新发展理念
南苏格兰电力	英国	战略发展理念
英国森特理克集团	英国	（1）战略发展理念； （2）员工理念
加拿大鲍尔集团	加拿大	（1）责任管理理念； （2）多样性理念； （3）员工理念
加拿大皇家银行	加拿大	多样性理念
苏格兰皇家银行集团	英国	战略发展理念
麦格纳国际	加拿大	（1）员工理念； （2）创新发展理念
Enbridge 公司	加拿大	（1）可持续发展理念； （2）员工理念
金巴斯集团	英国	战略发展理念
BAE 系统公司	英国	责任管理理念

基于表 8-10 的分析，还可以得出如下几个结论：

（1）澳加美英四个国家之杰出公司最为关注的企业理念是"员工理念"，澳大利亚的企业更是全面关注着这个理念，它说明各个企业在发展的过程当中都把员工放在最为重要和最为突出的地位。

（2）澳加美英四个国家之杰出公司第二关注的企业理念是"多样性理

念"，其中也包含着对于"包容性理念"的重视。这一特点与此四个国家的民族和种族结构相关，与这几个国家的发展历史和文化特点相一致。

（3）澳加美英四个国家之杰出公司第三关注的企业理念是"战略发展理念"，尤其是英国企业，这说明英国的杰出公司非常看重战略规划在企业发展过程当中的作用。

（4）从总体上看四个国家的企业理念设计情况，提出企业理念比较多的国家是美国，其次是英国和澳大利亚，而加拿大最少。